edition suhrkamp
Neue Folge Band 714

Dieser Band enthält die wichtigsten der ethisch-politischen Stellungnahmen Ernst Tugendhats aus den letzten anderthalb Jahrzehnten. Die Themen sind: Fragen der Pädagogik; Krieg und Frieden; Minderheiten- und Asylprobleme; Deutsche und Juden.

Tugendhat glaubt nicht, daß besondere philosophische Erkenntnisse etwas zur Lösung der politischen Fragen, die uns heute beirren, beitragen können. Die ethischen Grundlagen müßten uns heute, wie er in einem Aufsatz über das Asylrecht meint, eigentlich selbstverständlich sein. Der Grundsatz der Verfassung, daß die Würde aller Menschen unantastbar ist, scheint für weitgehende Folgerungen auszureichen. Und so könnte das Philosophische, das hier gefordert ist, nur in der Betätigung des gesunden Menschenverstandes liegen und im entschiedenen Willen, sich nicht benebeln zu lassen und klar zu denken. Tugendhats persönliche Grundfrage ist die nach seiner eigenen Identität in Deutschland als ein Jude, der, wie er heute meint, 1949 zu früh zurückgekehrt ist.

Von Ernst Tugendhat, em. Professor für Philosophie an der Freien Universität Berlin, erscheint gleichzeitig ein Band *Philosophische Aufsätze* (stw 1017). Außerdem hat er im Suhrkamp Verlag veröffentlicht: *Vorlesungen zur Einführung in die sprachanalytische Philosophie* (stw 45) und *Selbstbewußtsein und Selbstbestimmung. Sprachanalytische Interpretationen* (stw 221).

Ernst Tugendhat
Ethik und Politik

*Vorträge und Stellungnahmen
aus den Jahren 1978-1991*

Suhrkamp

edition suhrkamp 1714
Neue Folge Band 714
Erste Auflage 1992
© Suhrkamp Verlag Frankfurt am Main 1992
Erstausgabe
Alle Rechte vorbehalten, insbesondere das der Übersetzung,
des öffentlichen Vortrags
sowie der Übertragung durch Rundfunk und Fernsehen,
auch einzelner Teile.
Satz: Hümmer, Waldbüttelbrunn
Druck: Nomos Verlagsgesellschaft, Baden-Baden
Umschlagentwurf: Willy Fleckhaus
Printed in Germany

2 3 4 5 6 – 97 96 95 94 93

Inhalt

Rückblick im Herbst 1991 7

Gegen die autoritäre Pädagogik. Streitschrift gegen
die Thesen »Mut zur Erziehung« (1978).............. 17

Zigeuner und Juden (1979) 27

Rationalität und Irrationalität der Friedensbewegung
und ihrer Gegner. Versuch eines Dialogs (1983) 32

Die Bundesrepublik ist ein fremdenfeindliches Land
geworden (1984).................................... 62

Asyl: Gnade oder Menschenrecht? (1986) 66

Gegen die Abschiebung in den Libanon (1987) 76

Als Jude in der Bundesrepublik Deutschland (1987)... 80

Das Euthanasieproblem und die Redefreiheit (1990) .. 94

Der Golfkrieg, Deutschland und Israel (1991)........ 98

Das Friedensproblem heute (1991).................. 116

Die Singer-Debatte. Zu Rainer Hegselmann und
Reinhard Merkel (Hrsg.): *Zur Debatte über
Euthanasie* (1991)................................. 133

Nachweise 139

Für
Margot Zmarzlik und Jürgen Habermas

Rückblick im Herbst 1991

Im November 1949 bin ich mit 19 Jahren aus der jüdischen Emigration in Venezuela und den USA zum Heideggerstudium nach Deutschland gekommen. Daß das ein sehr fragwürdiger Schritt war, ist mir erst viel später bewußt geworden. Das Schlimme war nicht die Tatsache als solche, sondern der Versöhnungsgestus, mit dem ich kam und der mir, der bei der Emigration gut weggekommen war, nicht anstand und gegenüber den Opfern – den Toten und den Überlebenden – skandalös war. Es ist mit ein Grund, warum ich jetzt nach Lateinamerika zurückgehen werde. Natürlich gibt es auch andere Gründe, die privat sind und nicht hierher gehören. Aber mir liegt daran, daß dieser Schritt nicht falsch verstanden wird. Er ist nicht gegen Deutschland gerichtet, er betrifft nur mich.

Im Gegenteil, die Bundesrepublik hat mich gut aufgenommen. Jetzt, nach dem Anschluß Ostdeutschlands und dem erstaunlich massiven Rückfall in den Fremdenhaß, wird es für den liberalen Geist hierzulande schwerer werden. So mag in meinem Weggang auch ein Stück politischer Feigheit liegen.

Wer so unpolitisch, so abstrakt philosophisch angefangen hat wie ich mit meiner einstigen Heideggerbegeisterung, muß sich nach den Einflüssen fragen, die ihn dann doch dazu gebracht haben, konkreter zu werden und sich einzumischen. Als erstes fallen einem da die Freunde ein, und wenn ich die zwei nennen soll, die in dieser Hinsicht für mich neben manchen anderen die wichtigsten waren – als Vorbilder und Ratgeber – so sind es Margot Zmarzlik und Jürgen Habermas. Deshalb habe ich ihnen dieses Bändchen gewidmet. Am Entstehen der ersten der hier gesammelten Publikationen waren sie sogar beide ursächlich beteiligt. Es sind zwei herausragende Figuren aus der mit mir gleichaltrigen bundesrepublikanischen Generation, für die wie für viele andere das Kriegsende zu einem radikalen Reflexionsprozeß geführt hatte und neue politisch-moralische Kräfte in Gang setzte. »Nie wieder!« war die Parole, und beide wußten, daß es nicht ausreichte, das nur zu sagen.

Bei mir war es freilich erst die Studentenbewegung, die mich in Bewegung brachte. Das war dadurch erleichtert, daß ich damals meine erste verantwortliche Stelle hatte, eine Professur in Heidelberg. Man mußte Stellung beziehen, so oder so. Wenn ich die Person nennen soll, die in jener Zeit außer Margot Zmarzlik die für mich in diesen Dingen wichtigste war, so war es Andreas Wildt, der damals noch philosophischer Studentenvertreter war. Er hatte eine Art des unerbittlichen, ernsthaften und geduldigen Aufmicheinredens, die mich Dinge neu sehen ließ, und er konnte auch seinerseits zuhören. Da ich unfähig war, wenn ich ein Argument für richtig hielt, nicht zuzustimmen, verfaßten wir damals Texte – sei es z.B. mit Kritik an Israel oder der Forderung nach dem Rücktritt des Rektors (»so etwas macht man nicht als Kollege«) – die mich am nächsten Tag Spießruten laufen ließen.

Es ging damals in Heidelberg dramatisch zu, schon 1968, und dann auch wieder, am Anfang der 70er Jahre, als Rolf Rendtorff Rektor war und ich Dekan der unruhigsten Fakultät. Insbesondere hatten wir erhebliche Auseinandersetzungen unter den Fakultätskollegen, und die meisten verziehen es einem nicht, wenn man nicht loyal zur Gruppe stand. Aber gerade diese Auseinandersetzungen führten dazu, daß ich mich, der ich mich bis dahin immer als ein gut assimilierter Ausländer, aber doch Ausländer fühlte, zum ersten Mal in diesem Land voll identifizieren konnte. Als ich mich vor meinem Weggang nach Starnberg 1975 von den Kollegen im Fachbereich verabschiedete, überlegte ich einen Augenblick, ob ich ihnen nicht meinen Dank dafür aussprechen sollte, daß sie sich mir gegenüber genauso rücksichtsvoll und rücksichtslos verhalten hatten, wie mein politisches Verhalten es in ihren Augen verdiente; daß mein Judesein dabei keine Rolle spielte; daß sich in ihren Zorn, jedenfalls für mich spürbar, kein Antisemitismus mischte, daß sie mich aber auch nicht mit besonderen Glacéhandschuhen behandelten. Ich war wirklich einer von allen – ein Gefühl, das für einen Nichtjuden vielleicht schwer nachvollziehbar ist.

Man hat mich in diesem Land angenommen als einen Dazugehörigen und mir gleichwohl den Freiraum gegeben, mich als anders und als Jude fühlen zu können. Das war eine der Voraussetzungen dafür, daß ich lernte, mich freimütig politisch zu äußern. Es war schön, eine Zeitlang Dazugehöriger zu sein.

Ich will noch ein anderes Erlebnis nennen. In den letzten zwei Jahren bin ich oft am späten Abend in eine nahegelegene Kneipe gegangen. Man trinkt sein Bier weitgehend am Tresen, die meisten sind einzelne Männer. Da habe ich dann anfangs, wenn sich so ein bulliger blauäugiger Riese neben mich setzte, die alte jüdische Angst gespürt. Wie häufig war ich dann erstaunt, was für harmlose, sympathische und häufig interessante Menschen es waren. Und wenn ich dann sagte, daß ich Jude sei, denn die Gespräche gingen oft schnell ans Eingemachte, ist mir das nicht ein einziges Mal schlecht bekommen. Aus so einer Erfahrung im Villenvorort Nikolassee in einer von einem Ausländer geführten Kneipe darf man natürlich nicht verallgemeinern, aber für mich war es schön. Früher habe ich es möglichst vermieden zu sagen, daß ich Jude sei. Jetzt fällt es mir schon fast leicht, vielleicht weil ich besser zu mir stehe, aber man hat es mir eben auch nicht schwer gemacht. Hingegen habe ich in anderen Ländern – den Vereinigten Staaten, der Schweiz – durchaus Antisemitismus am eigenen Leib erlebt. Das sollen keine objektiven vergleichenden Aussagen sein. Sie wären völlig falsch, und bei mir war gewiß viel Glück dabei, aber man sollte solche Dinge auch nicht einfach verschweigen. Deutschland, das so ungastlich ist – mich hat es freundlich aufgenommen.

Ich habe zuerst in den Zeiten der Studentenbewegung einiges Politische publiziert, aber nur in Lokalzeitungen und nicht ausreichend Generalisierbares. Deswegen habe ich nichts davon hier aufgenommen. Ebenfalls nicht aufgenommen sind kleinere Stellungnahmen aus den späten 70er Jahren zu der damaligen RAF-Hysterie.[1]

Erst ab 1983 habe ich mich in zwei politischen Bewegungen massiv engagiert, in der Friedensbewegung und im Kampf um das Asylrecht. Zum Problem Krieg und Frieden habe ich zwischen 1983 und 1987 mehrere Vorträge gehalten, die zusammen mit zwei kleineren Stellungnahmen in meinem Buch *Nachdenken über die Atomkriegsgefahr und warum man sie nicht sieht*[2] gesammelt sind. Von diesen Vorträgen bringe ich in dem gegenwärtigen Bändchen nur den ersten, der auch, popularisiert und gekürzt, im *Spiegel* (1983 Nr.47, S. 80ff.) erschienen ist und am meisten Beachtung gefunden hat, obwohl er heute der obsoleteste ist.

In die Auseinandersetzung über die Asylproblematik kam ich durch die »Gesellschaft für bedrohte Völker«, in der ich über mehrere Jahre im Bundesvorstand war. Außerdem merkte ich bald: *mea res agitur*. In diesem Zusammenhang habe ich viel geschrieben und geredet, aber es ist wegen der vielen Wiederholungen gewiß ausreichend, wenn ich drei der publizierten Reden hier zum Abdruck bringe. Die kleine Rede in der Passionskirche vom Januar 1987: »Gegen die Abschiebung in den Libanon«, unten, S. 76ff., hatte ich

[1] Vgl. »Kriminalisierung der Kritik«, in F. Duve, H. Böll, K. Staeck, *Briefe zur Verteidigung der Republik*, Reinbek 1977, S. 153-55; erwähnt sei auch »Der ›Stern‹ durfte die Standorte für Atomwaffen produzieren«, in F. Duve, H. Böll, K. Staeck, *Zuviel Pazifismus?*, Reinbek 1981, S. 94-96.
[2] Rotbuch-Verlag 1986, 2. erweiterte Auflage 1987, inzwischen vergriffen.

nicht geschrieben und nicht einmal vorbereitet. Es war eine Stegreifrede, die auf Tonband aufgenommen wurde, sie erscheint mir aber insofern wichtig, weil sich hier die zwei Themen Asyl und Juden-Deutsche unmittelbar verbinden. Das zweite Thema ist dann ausführlicher in den Beiträgen »Als Jude in der Bundesrepublik Deutschland«, unten, S. 80 ff. und »Der Golfkrieg, Deutschland und Israel«, unten, S. 99 ff. aufgenommen. In der Rede in der Passionskirche, die ich in eine atemlose Stille hinein stockend hielt, hatte ich das Gefühl, mich vorzutasten. Erst in dem Loccumer Vortrag im Dezember desselben Jahres fand ich zu einer vielleicht einigermaßen gerechten Stellungnahme.

Besser scheint mir das inzwischen in dem in diesem Jahr geschriebenen Artikel über den Golfkrieg gelungen zu sein. Ich bin den Herausgebern der *Zeit* für diese Chance dankbar. Ich bin in dieser Frage, die mich während meines ganzen Lebens beschäftigt hat, endlich zu einer Auffassung gekommen, die hoffentlich ausgewogen ist.[3]

Hingegen habe ich das Engagement für die Asylproblematik bald nach der Rede in der Passionskirche abrupt abgebrochen. Der äußere Anlaß war ein gewiß eher groteskes Erlebnis. Ich hatte damals eine längere Behandlung bei meinem Zahnarzt, der Jude war. Ich wußte, daß er politisch sehr konservativ war, aber ich schätzte seine zarte Behandlungsweise, die mir charakteristisch jüdisch schien (wer sich mit Antisemitismus beschäftigt, sollte beachten, daß die Juden immer schon die noch größeren Vorurteile hatten). Eines Tages verwickelte er mich plötzlich, weil er etwas über mich gelesen hatte, in ein Gespräch über Asylanten. Sie seien schmutzig, kriminell, habgierig. Ich bat ihn, das Gespräch abzubrechen; wir würden uns da nicht verständi-

---

[3] Als 15jähriger schrieb ich in Venezuela im Sommer 1945 einen Essay gegen die pauschale Schuldzuweisung. Wer mein zur Unzeit erfolgtes Nach-Deutschland-Kommen von außen sieht, sollte bedenken, wie schwer es für ein Kind mit einem gewissen Gerechtigkeitssinn, das in einem damaligen Emigrantenmilieu aufwuchs, sein mußte, zu einem ausgewogenen Urteil zu finden.

gen können. Aber er beharrte. Er holte einen Artikel der Bild-Zeitung aus einer Schublade und las ihn mir vor. Ich geriet vollkommen außer mir und begann zu schreien: »Wie können Sie als Jude . . .?«, griff nach meinem Mantel und stürzte in Panik die Treppen hinunter. Am nächsten Tag rief er mich aus der Klinik an, er könne mich nicht mehr behandeln, weil er einen Herzinfarkt habe. Man muß sich wundern, wie sehr man hassen kann. Natürlich bestand kein Kausalzusammenhang, aber ich hätte es gewünscht. Bis heute habe ich mich seit diesem Schockerlebnis zur Thematik der politischen Flüchtlinge nicht mehr öffentlich geäußert.

Zweifellos ist eine Komponente des Hasses das Gefühl der Ohnmacht. Und ich war damals immer mehr durchdrungen von dem Gefühl der Sinnlosigkeit meiner politischen Betätigung. Hatte ich, was Asylrecht und Fremdenfeindlichkeit betraf, nicht nur mit dem eigenen Kopf sinnlos gegen eine Wand geschlagen? Und hatte ich mit meinen Vorträgen gegen die Hochrüstung auch nur einen einzigen Menschen überzeugt, der es nicht schon war?

In dieser düsteren Verfassung traf mich ein weiteres Erlebnis. In jenen Tagen im Frühjahr 1987 führte ein Journalist ein Life-Interview mit mir über meine politischen Anschauungen. Er begann, aus seiner Perspektive völlig harmlos, mit der Frage: »Warum sind Sie als Jude schon 1949 nach Deutschland gekommen?« Ich erstarrte. Es war meine Achillesferse. Seit einem Gespräch im Café Einstein mit Ruth Stanley 1984 wußte ich, daß das »meine« Schuld war, aber ich konnte es bis dahin verdrängen. Ich weiß nicht mehr, was ich in dem Interview antwortete. Aber nunmehr wich ich nicht mehr aus. Ich bin ja nicht der einzige in Deutschland, bei dem die Minen erst nach 40 Jahren hochgehen. Inzwischen habe ich es verarbeitet; ich glaube jetzt die Zusammenhänge innerhalb meiner Entwicklung als Jugendlicher zu überschauen, und ich hoffe: das Pendel ruht nun und schlägt nicht mehr aus. Gleichwohl beschloß ich zunächst, so rasch wie möglich nach Venezuela zurückzugehen. Ich war damals einige Monate in Südamerika. Als ich zurückkam, nahm ich den übereilten Entschluß zurück. Ich wollte keine Übertreibungen und werde erst übersiedeln, wenn ich im nächsten Jahr pensioniert werde. Mit Deutschland habe ich meinen Frieden wiedergefunden, den ich während dieser persönlichen Krise vor 4 Jahren zeitweise verloren hatte. (Aus dieser Zeit um 1986/87 stammen noch ein bis zwei politische Beiträge, in denen mein Ton zu schrill geworden ist; ich möchte sie daher hier weder bringen noch nennen.)

Was ist nun zu antworten auf jene Ohnmachtsgefühle und auf die Frage, ob die Philosophie im Politischen überhaupt etwas beitragen kann?

Ich beginne mit der zweiten Frage: seit mir das Politische das Wichtige geworden war, habe ich immer darunter gelitten, daß meine Art zu philosophieren so abstrakt ist. Ich kam mir wie unfähig vor, etwas Relevantes zu Konkretem zu sagen. Der Durchbruch kam 1983 mit dem Vortrag über »Rationalität und Irrationalität«. Er erschien mir zuerst wie aussichtslos, und dann wurde es – im Auditorium Maximum der Freien Universität – ein großer Erfolg. Ich begann langsam zu verstehen: die Philosophie kann fast gar nichts beitragen, worauf es aber ankommt, ist, sich einem konkreten Problem in einer analogen argumentativen Weise auszusetzen, es von allen Seiten an sich herankommenlassend. Dasselbe gilt für die Fragen, wie es zweifellos die Asylfragen sind, die eine starke ethische Komponente haben. Philosophisch kann man auch da wiederum fast nichts beitragen, denn man muß in so einem Kontext davon ausgehen können, daß man das Ethische nicht erst philosophisch klären muß, sondern ein Konsens besteht, und dann muß man nur wieder dasselbe tun: Klarheit zu gewinnen versuchen.

Und die Ohnmachtsgefühle? Man muß natürlich einsehen, daß man in politischen Fragen, wo die Gefühle und Ideologien so stark sind, kaum jemanden überzeugen kann, und man wird sich damit bescheiden müssen, denjenigen, die schon ähnlich denken, Argumente zu liefern. Auch aus den vielen Zuschriften, die ich auf meinen Artikel über den Golfkrieg bekommen habe, habe ich ersehen, daß hier ein Bedürfnis und eine Aufgabe besteht.

Heute freilich verändern und verschärfen sich die Probleme. Daß so wenig deutsche Intellektuelle etwas Orientierendes zum Golfkrieg sagen konnten, lege ich mir so zurecht, daß uns die unerwarteten massiven Veränderungen im Osten und in Deutschland erst einmal die Sprache verschlagen haben.

In Deutschland fängt eine völlig neue Zeit an, mit neuen Schwierigkeiten und neuen Problemen. Man kann nur hoffen, daß die Kräfte an ihnen wachsen werden. Aber ich glaube, daß die globalen Fragen, die in Lateinamerika bestimmend sind, jetzt auch hier stärker in den Vordergrund treten werden. Im vorletzten Beitrag dieses Bändchens hat sich der Perspektivenwechsel auf die dritte Welt hin für mich schon angedeutet.

Es ist natürlich kein Zufall, daß dieser Vortrag bereits auf Spanisch geschrieben wurde und ins Deutsche übersetzt werden mußte. Ich hoffe, daß ich auch von der anderen Seite des Atlantiks aus in Deutschland dabeibleiben kann. Ich werde dort wieder Ausländer sein. Der Schritt von 1949, mit dem ich eine Identität suchte, die mir nicht zustand, war ein Fehler, auch wenn er sich in seinen Folgen als sinnvoll erwies. (Ich bin kein Folgenethiker.)

Dieser Fehler war in seiner bestimmten makabren Form ein eher singulärer Irrweg, aber er gehört doch in allgemeinere Zusammenhänge, erstens in ein für moderne nichtreligiöse Juden allgemein bestehendes Problem und zweitens in das umfassendere Problem, wie man sich, Jude oder nicht, zu der Frage der eigenen partikularen kollektiven Identität, der nationalen, stellen sollte. Der – gewiß verständliche, d.h. »erklärbare« – Wunsch nach nationaler Identität bildete seit Ende des vorigen Jahrhunderts das größte eigene moralische Problem im Selbstbewußtsein der säkularisierten mitteleuropäischen Juden: viele gaben ihm in der Weise der *Überidentifizierung* in ihrem Gastland nach (besonders in Deutschland vor 1933), viele andere durch das Streben nach einer eigenen, jüdischen Heimat, dem *Zionismus*. Jüdisch-religiös gesprochen waren beide Entgleisungen »Sünden«, die zionistische als Preisgabe des Glaubens, daß die Rückkehr nach Jerusalem erst mit dem Messias erfolgen sollte. (Meine Bizzarerie von 1949 steht in diesem Kontext. Ich optierte für den Wunsch nach Überidentifikation, aber auch noch zur Unzeit, unmittelbar nach dem Holocaust, und als Rückkehr.) Gershom Scholem hat in seinem Buch *Von Berlin nach Jerusalem* (Frankfurt 1977) seine eigene frühe Entscheidung für den Zionismus den Wegen seines Zuhause (Überassimilation) und seines Bruders (sozialistischer Universalismus) als die angeblich einzig richtige entgegengestellt. Heute kann man vielleicht leichter sehen, daß der Zionismus ebenso eine Sackgasse war wie der Versuch der Überassimilation.

Gab es denn, so mag man zurückfragen, und gibt es einen »richtigen« Weg? Ich glaube ja. Eine normale partikulare kollektive Identität zu haben, ist, meine ich, etwas Richtiges. Schlecht ist nur die aggressive Entgleisung des Nationalismus. Und schlecht ist es auch, wenn Menschen, die keine »normale« Identität nationaler Art haben, eine solche zu erzwingen versuchen. Daraus können sich dann immer nur Schiefheiten und Übertreibungen ergeben. Auch demjenigen, der nur eine eingeschränkte und/oder eine komplexe Identität dieser Art hat, bleibt, wie jedem anderen Menschen, nichts anderes übrig, als sich als den zu akzeptieren, der er ist. (Er kann sich natürlich aus guten Gründen ändern oder auch aus gar keinen Gründen – das wäre dann in sich ein guter Grund –, aber es gibt eben auch schlechte Gründe, und das Motiv, eine eindeutigere Identität haben zu wollen, wenn es nicht in einem anderen, guten Grund abgestützt ist, ist ein schlechter Grund.) Das Weltbürgertum ist auch keine Alternative. Die nationale Stufe läßt sich nach meiner Meinung ungestraft so wenig überspringen wie verzerren. Natürlich soll sich jeder von uns universalistisch verstehen, die Ethik kann heute nur als die eines universellen Respekts verstanden werden, aber jeder kann sich, als Weltbürger, nur konkret praktisch verhalten als der, *der er ist*, und dazu gehört auch: als ein »solcher«, in der schlichten oder fragmentierten oder komplexen nationalen Identität, die er eben hat. Die entgegengesetzte Auffassung, zu glauben, man könne sich unmittelbar als Weltbürger verstehen, legte sich wohl nur aus der speziellen Situation der früheren Bundesrepublik nahe, aber auch hier sollte man nicht ins Ideologische verschweben und wissen, daß es eine spezielle Situation war, die, ein Glück für alle, die durch sie bestimmt waren, in diesen 40 Jahren viel erleichtert hat.

Berlin, im Herbst 1991 *Ernst Tugendhat*

Gegen die autoritäre Pädagogik
Streitschrift gegen die Thesen »Mut zur Erziehung«

Gewöhnlich sind Thesen Meinungen, so vorgetragen, daß sie zur argumentativen Kontroverse einladen. Aber die neun Thesen, die den Mut zur Erziehung wieder herstellen wollen, verkünden eine frohe Botschaft, evidente Wahrheiten, die jeder einsehen können soll, der nicht böswillig oder ideologisch indoktriniert ist.

Die 1. These beginnt mit dem Satz: »*Wir wenden uns gegen den Irrtum, die Mündigkeit, zu der die Schule erziehen soll, läge im Ideal einer Zukunftsgesellschaft vollkommener Befreiung aus allen herkunftsbedingten Lebensverhältnissen.*«

Man kann scheinbar nur zustimmen. Denn zweifellos ist es absurd zu meinen, Mündigkeit bestehe in der Herstellung einer tabula rasa, eines Nichts. Aber man wird auch fragen dürfen: gegen wen wenden sich die Autoren eigentlich? Der Gegner wird, wie auch in den weiteren Thesen, im Nebel gelassen. So läßt sich besser überzeugen. Gibt es denn überhaupt pädagogisch-politische Konzeptionen, die die »vollkommene Befreiung aus allen herkunftsbedingten Lebensverhältnissen« zum Selbstzweck machen?

Über den Sinn von »Mündigkeit« sollte man sich seit Kants »Beantwortung der Frage: Was ist Aufklärung?« (1784) nicht mehr streiten können. Kant definiert Mündigkeit als das Vermögen, »sich seines Verstandes ohne Leitung eines anderen zu bedienen«. Ein solcher Verstandesgebrauch impliziert, daß man »herkunftsbedingte Lebensverhältnisse« mit Bezug auf ihre Vernünftigkeit – und das heißt zugleich: mit Bezug auf ihre Gerechtigkeit – prüft. Nur insoweit die Verhältnisse diesem Kriterium nicht entsprechen, muß der Mündige eine Veränderung fordern. Daß die Autoren dieses positive Kriterium übersehen, das alle auf

Veränderung ausgerichteten politischen Konzeptionen – ob im einzelnen zu rechtfertigen oder nicht – im Auge haben, gründet offenbar darin, daß sie ihrerseits die Bewahrung des Vorgegebenen zum Selbstzweck erheben. Das wäre jedoch eine vernunftfeindliche, im strikten Sinn irrationale Position, es sei denn, man sagt mit Hegel: »Was vernünftig ist, das ist wirklich; und was wirklich ist, das ist vernünftig.« Sowohl Lübbe wie Spaemann sind Schüler des Neuhegelianers Joachim Ritter, dessen Begrifflichkeit auch in diesen Thesen wiederzufinden ist. Hegel hat in dem zitierten Satz den Sinn von »Vernunft« in sein Gegenteil pervertiert. Man braucht sich jedoch nicht um das Wort »Vernunft« zu streiten. Klar ist jedenfalls, was gemeint ist: das Vorgegebene ist, weil es vorgegeben ist, gut; man lebe angepaßt! Pädagogisch gewendet: es ist Aufgabe der Schule, zur Anpassung an das Bestehende zu erziehen.

Man wird zögern, den Autoren der neun Thesen solche Vernunftfeindlichkeit zu unterstellen. Aber im folgenden Satz bestätigen sie, ein wenig verklausuliert, gewiß, die eben gegebene Interpretation. »*In Wahrheit*« – der 2. Satz jeder der neun Thesen beginnt mit dieser Versicherung, daß hier ex cathedra gesprochen wird – »*ist die Mündigkeit, die die Schule unter jeweils gegebenen Herkunftsverhältnissen einzig fördern kann, die Mündigkeit derer, die der Autorität des Lehrers schließlich entwachsen sind.*«

Dieser Satz ist so »schön«, daß man beinahe nicht merkt, was er besagt. Offenbar kann er kaum anders verstanden werden als so: »unter jeweils gegebenen Herkunftsverhältnissen« muß der Schüler so lange »der Autorität des Lehrers« unterstehen, bis er ihr deswegen »entwachsen« kann, weil er sich mit ihr identifiziert hat. Mündigkeit wäre dann also dahingehend uninterpretiert, daß sie zwar immer noch die Fähigkeit ist, ohne Leitung eines anderen zu leben, aber nun insofern, als man gelernt hat, sich seines Verstandes nicht mehr zu bedienen. Man könnte so geistreiche, im

Glissando vorgenommene Verdrehungen witzig finden, wenn man ihre demagogische Stoßrichtung übersähe. Jeder Lehrer – und ich spreche hier als nebenberuflicher Lehrer für Ethik an einem bayerischen Gymnasium auch aus eigener Erfahrung – weiß, wieviel leichter es ist, autoritär zu unterrichten als so, daß man die Bereitschaft zur Selbsttätigkeit aktiviert. Heute verstärkt sich die autoritäre Verkrustung unserer Schulen durch Numerus clausus und Leistungsdruck, und nun soll denjenigen, die in diese Entwicklung verstrickt sind, auch noch das gute Gewissen nachgeliefert werden. Schon jetzt wird deutlich, was hier mit »Mut zur Erziehung« gemeint ist.

Der nächste und letzte Satz der 1. These: »*Denn wenn die Schule die Mündigkeit einer Zukunftsmenschheit zum pädagogischen Ideal erhöbe, erklärte sie uns über unsere ganze Lebenszeit bis in die Zukunft hinein zu Unmündigen.*«

Das Faszinierende an solchen Formulierungen ist, daß man nicht zu entscheiden vermag, ob sie gekonnt zur Verdummung des Lesers eingesetzt sind oder ob die Verfasser sie am Ende selber glauben. Jedem, der sich von Lübbes Pathos nicht so berauschen läßt wie er selbst, ist doch klar, daß die Kritikfähigkeit, die mit Mündigkeit gemeint ist, allerdings auf Zukunft ausgerichtet ist, aber eben deswegen nicht bis zu dieser vertagt werden kann. Gleichwohl wird man auch die Mündigkeit selbst nicht als Zustand, sondern als einen nie abzuschließenden Prozeß auffassen müssen. Auch hier möchten die Autoren ein Ressentiment ansprechen, das Ressentiment derer, die es als eine Beleidigung ansehen, wenn ihnen zugemutet wird, sich auch dann noch als unvollkommen zu erkennen, wenn sie »der Autorität des Lehrers entwachsen sind«. Denn wie das Bestehende gut ist, so sind auch wir, die das Bestehende bejahen, gut. Versichert zu bekommen, daß es sich so »in Wahrheit« verhält, tut sehr gut.

Daß ich in die 1. These nicht etwas hineininterpretiert

habe, zeigt die 4. These. Es ist die Kernthese der ganzen Reihe:

»*Wir wenden uns gegen den Irrtum, die Schule könne Kinder ›kritikfähig‹ machen, indem sie sie dazu erzieht, keine Vorgegebenheiten unbefragt gelten zu lassen. – In Wahrheit treibt die Schule damit die Kinder in die Arme derer, die als ideologische Besserwisser absolute Ansprüche erheben. Denn zum kritischen Widerstand und zur Skepsis gegenüber solchen Verführern ist nur fähig, wer sich durch seine Erziehung mit Vorgegebenheiten in Übereinstimmung befindet.*«

Die »Übereinstimmung« mit den »Vorgegebenheiten« ist also der einzige Maßstab der Kritik. Aus dieser hegelianisierenden Prämisse folgt logisch zwingend erstens die positive Umkehr des ersten Satzes dieser These: daß die Schule dazu erziehen soll, alle Vorgegebenheiten »unbefragt gelten zu lassen«, sowie zweitens die Aussage des zweiten Teils der These: daß die einzig legitimen Objekte von Kritik die Kritiker am Bestehenden sind, die »Besserwisser«. So wird verdeckt, daß vielmehr die eigene Position, die das Bestehende für sakrosankt erklärt, es ist, die wie keine andere das Etikett des Ideologischen verdient und einen »absoluten« (vor allem aber: einen rational nicht begründbaren) »Anspruch« erhebt.

Es wirkt zwar paradox, daß gerade die Erziehung zur Kritikfähigkeit die Kinder »in die Arme« von »Verführern« treiben können soll. Aber die liberale Vorstellung, daß nur die Erziehung zur eigenen Urteilsfähigkeit resistent machen kann gegen schlecht begründete politische Ideen, ob diese nun von links oder rechts kommen, wird von den Autoren offenbar für naiv gehalten. Sie denken mit Carl Schmitt, der die Schule von Joachim Ritter nachhaltig beeinflußt hat, in Freund-Feind-Kategorien, und der Feind steht links. Die Worte »links« und »rechts« werden zwar von ihnen gemieden, aber der Gedanke ist klar: die Erziehung zu einer freien, nur von der Vernunft bestimmten, nicht an die »Übereinstimmung mit Vorgegebenheiten« gebundenen Kritikfähigkeit bietet keine Sicherheit gegen die Gefahr von links: also ist solche freie (»wurzellose«) Kritik überhaupt zu unterbinden. Die Geschichte kennt dieses Muster: der Liberalismus wird von konservativer Seite kassiert, wenn eine Gefahr von links droht. Neu ist diesmal nur, daß er auch schon kassiert werden soll, obwohl von einer linken Gefahr heute in der Bundesrepublik nicht die Rede sein kann. Indem die Autoren der neun Thesen sich nicht nur gegen links wehren, sondern präventiv auch die Prinzipien des Liberalismus für »Irrtümer« erklären, bekunden sie eine totalitäre Tendenz. Diese kommt am offensten in der 2. These zum Ausdruck:

»Wir wenden uns gegen den Irrtum, die Schule könne Kinder lehren, glücklich zu werden, indem sie sie ermuntert, ›Glücksansprüche‹ zu stellen. – In Wahrheit hintertreibt die Schule damit das Glück der Kinder und neurotisiert sie. Denn Glück folgt nicht aus der Befriedigung von Ansprüchen, sondern stellt im Tun des Rechten sich ein.«

Diese menschenverachtende These könnte sich jedes totalitäre System zu eigen machen. In einem solchen ist nicht das System für das Glück des Menschen da, sondern der Mensch wird auf seine Funktion für das System reduziert. Die Schule ist dafür da, daß die Kinder rechtzeitig lernen, sich mit dieser Funktion zu identifizieren. Während die Idee einer demokratischen Schule darauf zielt, den Selbstentfaltungsprozeß und das heißt das Glück des Kindes zu fördern, ist es die Aufgabe der totalitären Schule, diesen Prozeß zu unterbinden beziehungsweise ihn so umzukanalisieren, daß das Kind »lernt«, seine Einordnung ins System für seine Selbstverwirklichung zu halten oder – mit den Worten der Autoren – sein Glück im »Tun des Rechten« zu finden. Wer demgegenüber, sei es die Kinder, sei es die Erwachsenen, dazu ermuntert, ihre Rechte einzuklagen oder sie auf den Widerspruch zwischen Systemkonformität und Selbstverwirklichung hinweist, »neurotisiert« sie. Ich wundere mich, daß die Autoren, als sie diesen Satz schrieben, nicht daran dachten, was mit solchen »Neurotikern« zum Beispiel in der Sowjetunion geschieht. Offenbar halten sie auch den Satz aus der amerikanischen Unabhängigkeitserklärung für einen Irrtum, daß zu den unveräußerlichen Rechten der Menschen *the pursuit of happiness* gehört.

Mit der 2. These hängt die 5. These eng zusammen: *»Wir wenden uns gegen den Irrtum, die Schule hätte die Kinder anzuleiten, ›ihre Interessen wahrzunehmen‹. In Wahrheit gibt die Schule damit die Kinder in die Hand derer, die diese Interessen nach ihren eigenen politischen Interessen auszulegen wissen. Denn bevor man eigene Interessen wahrnehmen kann, muß man in die Lebensverhältnisse eingeführt sein, in denen eigene Interessen erst sich bilden.«*

Die These bezieht ihre rhetorische Stärke aus der Unbestimmtheit des letzten Satzes. Er erinnert einerseits an etwas Triviales: daß sich Interessen immer nur im Zusammenhang mit sozialen und politischen Institutionen entwickeln können. Aber zugleich suggeriert er, daß dieser Zusammenhang nur in Form der Übereinstimmung denkbar ist, daß also die Individuen ihre Interessen von der ihnen durch die Institutionen zugewiesenen Rolle nicht unterscheiden können. Daraus folgt dann, daß es auch nicht Aufgabe der Schule sein kann, die Fähigkeit zu dieser Unterscheidung auszubilden. Diese Unterscheidung ist aber nach demokratischer Auffassung deswegen grundlegend, weil die Institutionen nur danach rational zu beurteilen sind, ob sie den Interessen der Individuen dienen. Die von den Autoren unterstellte Übereinstimmungsideologie ist die Position des Totalitarismus. Gerade so aber geraten »die Kinder in die Hand derer, die ihre Interessen nach ihren eigenen politischen Interessen auszulegen wissen«. Die Institutionen, nicht die Individuen sind die letzte Instanz. Wäre es »in Wahrheit« so, dann gäbe es keine Grundrechte und keine Demokratie, dann wären die Ideen der amerikanischen Unabhängigkeitserklärung und der französischen Erklärung der Menschenrechte gleichermaßen Irrtümer. Die Schule, die von dieser These anvisiert wird, ist eine antidemokratische Schule, in der Untertanen, nicht Bürger erzogen werden. Das bekräftigt die 3. These:

»Wir wenden uns gegen den Irrtum, die Tugenden des Fleißes, der Disziplin und der Ordnung seien pädagogisch obsolet geworden, weil sie sich als politisch mißbrauchbar erwiesen haben. In Wahrheit sind diese Tugenden unter allen politischen Umständen nötig. Denn ihre Nötigkeit ist nicht systemspezifisch, sondern human begründet.«

Es ist eine Zumutung, sich mit so einer »These« auseinandersetzen zu müssen. Auch sie richtet sich gegen nebulöse Gegner. Die Autoren sollten doch diejenigen nennen, die diese »Tugenden« für obsolet erklärt und nicht vielmehr nur gegenüber anderen Tugenden relativiert haben. Als politisch mißbrauchbar haben sich nicht diese Tugenden erwiesen, sondern der unverhältnismäßig hohe Rang, der ihnen in der traditionellen deutschen Erziehung und in der deutschen politischen Kultur zugewiesen wurde und immer noch wird und über den nun allerdings die Autoren der neun Thesen noch hinausgehen. Denn wenn man sich fragt, wo in diesen Thesen positive Erziehungsziele genannt werden, kommt man zu dem niederschmetternden Ergebnis, daß alle Thesen nur abwehren, nur Antithesen sind, mit der einen Ausnahme dieser 3. These, daß also Fleiß, Disziplin und Ordnung die *einzigen* Erziehungsziele sind, die genannt werden.

Das kann kaum ein Versehen sein. Denn welche anderen Erziehungsziele können von den Autoren noch genannt werden? Mündigkeit? Die haben sie in der 1. These auf den Kopf gestellt. Autonomie? Der ist in der 4. These der Garaus gemacht worden. Selbstentfaltung? Dieser wurde durch die 2. These der Boden entzogen. Allerdings war in derselben These noch vom »Tun des Rechten« die Rede. Ist das nicht ein erstrebenswertes Erziehungsziel? Aber es blieb dort offen, was darunter zu verstehen sei. Die für jede moderne Moral seit der Aufklärung selbstverständlichen Bezugspunkte »Vernunft« und »Glück« sind von den Autoren verworfen worden. Dann bleibt nur noch übrig, eine Pseudomoral ins Auge zu fassen, von der – um mit Kant zu sprechen – der Mensch nicht mehr als Zweck an sich, sondern nur noch als Mittel gedacht wird, so daß die von ihm erwarteten »Tugenden« die Tugenden eines Werkzeugs sind. Und in der Tat: soweit aus den neun Thesen erkennbar, kann mit dem in der 2. These erwähnten »Tun des Rechten« nichts anderes gemeint sein als die Tugenden, die dann in der 3. These aufgeführt werden: »Fleiß, Disziplin und Ordnung«. Ist es denn möglich, daß die Autoren nicht bemerkt haben, daß sie damit den Typus Adolf Eichmann zur Zielnorm der Erziehung gemacht haben?

Die ersten fünf Thesen dürften sowohl nach der Intention der Autoren als auch objektiv die wichtigsten sein, und es kann genügen, die übrigen vier nur noch zu nennen. Sie hängen nicht unmittelbar mit den ersten fünf Thesen zusammen, verfolgen aber den Zweck, mit denselben rhetorischen Mitteln verschiedene Ressentiments gegen unterschiedliche Aspekte von Schulreform zu mobilisieren. In der 6. These wird mit Bezug auf die Forderung nach Gleichheit der Bildungschancen das Ressentiment gegen Gleichmacherei geschürt, mit der falschen Unterstellung, Bildungschancengleichheit sei bei uns schon realisiert. Die 7. These wendet sich »gegen den Irrtum, man könne über die Schule Reformen einleiten, die die Gesellschaft über ihre politischen Institutionen nicht selber einleiten will«, wieder ein sehr wirksames rhetorisches Argument ohne Wahrheitsgehalt, weil es sich entweder durchaus um Reformen handelte, die auf dem Weg über die Gesetzgeber angestrengt wurden oder aber um reformerische Ideen, die überhaupt nicht durch Gesetz dekretierbar sind, da sie eine Veränderung der Einstellung erfordern; außerdem wird mit dieser These der Erziehung erneut jedes Recht auf eine selbständige politische Relevanz abgesprochen. In der 8. und der 9. These sprechen die Autoren die besonders unter Eltern verbreitete Abneigung gegen die »Verwissenschaftlichung des Unterrichts« und gegen eine »maximal professionalisierte und institutionalisierte Erziehung« an, als ob diejenigen, die solche Ziele verfolgen, identisch wären mit jenen, gegen die sich die ersten fünf Thesen richteten.

Was Hahn als »völlig neuen Ansatz zur Erziehung« feiert, besteht also in der Demontage aller Errungenschaften der Pädagogik seit der Aufklärung. Daß dieser »Ansatz« »das nächste Jahrzehnt der Bildungspolitik in der Bundesrepublik Deutschland bestimmen wird«, mag eine richtige Prognose sein. Denn getreu ihrer eigenen Devise sind die Autoren beseelt von dem Mut zu affirmativer Übereinstimmung mit dem, was ohnehin im Gange ist. Daß man sich mit Thesen von so dürftiger gedanklicher Qualität überhaupt auseinandersetzen muß, mit Thesen, die in keinem anderen westeuropäischen Land überhaupt Beachtung fänden, verdanken wir der gegenwärtigen geistigen Situation in der Bundesrepublik. Den Autoren ist es gelungen, die autoritären pädagogischen Vorstellungen, die von vielen schon lange gehegt wurden, aber die man nach 1945 nicht zu artikulieren wagte, respektabel zu machen, indem sie sie in eine rhetorische Sprache kleiden, die ihre totalitäre Tendenz ein wenig verdeckt. Man soll jetzt wieder wie in alten Zeiten Mut haben können zu einer Erziehung, die keinen Mut erfordert, keine Phantasie, keine Sympathie und keine Verantwortung für den einzelnen Menschen – zu einer Erziehung, die auf Kosten der Kinder geht und auf Kosten der Demokratie. *(1978)*

Diese Streitschrift richtete sich gegen die »9 Thesen ›Mut zur Erziehung‹«, die auf einem Kongreß in Bonn 1978 von Hermann Lübbe formuliert wurden und außerdem auch von Hans Bausch, Wilhelm Hahn, Golo Mann, Nikolaus Lobkowicz und Robert Spaemann unterschrieben worden waren und in Baden-Württemberg vom Kultusministerium an alle Lehrer verteilt wurden. Von den 9 Thesen sind die ersten 5 in meinem Artikel voll abgedruckt. Der Artikel führte zu weiteren Stellungnahmen von Robert Spaemann in der *Zeit* Nr. 26 und 30 (1978), von Golo Mann in der *Zeit* Nr. 26 und einer Replik von Jürgen Habermas in der *Zeit* Nr. 30.

Zigeuner und Juden

Von ihrem Schicksal her sind Zigeuner und Juden Geschwister. Es sind die beiden Völker, die in Europa durch die Jahrhunderte ohne Land lebten, verstreut, wegen ihres Andersseins überall diskriminiert, immer wieder vertrieben und auf der Suche nach neuen lokalen und wirtschaftlichen Existenznischen. In der modernen Gesellschaft mit ihrer Rechtsgleichheit, die nur denen gewährt wurde, die bereit waren, sich gleichzumachen, stellte sich für beide das Problem einer Integration, die Anpassung voraussetzt, Preisgabe der eigenen Identität und Tradition. Beiden wurde dieses Problem von den Nazis, die das Anderssein als rassisch bedingt festschrieben, abgenommen durch die Endlösung der physischen Vernichtung. Und wie steht es für die Überlebenden jetzt, nachdem der Alptraum vorbei ist?

Aber ist er vorbei? Für uns Juden ja. Es lebt sich heute für einen assimilierten Juden in der Bundesrepublik nicht schlecht. Aber nun versuche ich mir vorzustellen, wie das Leben für mich hier aussähe, wenn die Vorurteile gegenüber den Juden nach Auschwitz ebenso ungebrochen fortlebten wie die Vorurteile gegenüber den Zigeunern. Für diese ist der Alptraum nicht vorbei. Diejenigen, die darüber besorgt sind, wieweit es heute unter den Deutschen noch einen latenten Antisemitismus gibt, der nur aus äußeren Rücksichten zurückgehalten wird, verschieben das wirkliche Problem. Wer nur auf die Möglichkeit einer latenten Diskriminierung einer besonderen Minderheit starrt, macht sich für die offene Diskriminierung anderer Minderheiten dort, wo sie heute bei uns wirklich stattfindet, blind. Schließlich ist der Antisemitismus nur eine mögliche Manifestation einer tieferliegenden Krankheit. Diese besteht in der Unfähigkeit, ein Bewußtsein der eigenen kollektiven Identität auszubilden, ohne andere kulturelle und nationale Identitäten zu entwerten, bis hin zur Leugnung, daß die anderen Menschen sind. Die Juden eigneten sich auch deswegen in besonderer Weise als Zielscheibe dieser Negativprojektion, weil sie nicht ein anderes Land, sondern gar kein Land hatten, wo sie nicht Minderheit waren. Aus demselben Grund stehen aber auch die Zigeuner, und diese noch heute, im Vergleich zu anderen nationalen Minderheiten im Zentrum der Vorurteile. Im Dritten Reich galten wir Juden als Untermenschen. Die Zigeuner werden noch heute als Untermenschen zwar nicht offen bezeichnet, aber empfunden und behandelt.

Warum konzentriert sich die sogenannte Vergangenheitsbewältigung in der Bundesrepublik so weitgehend auf die Juden, warum wird über das Schicksal der Zigeuner unter den Nazis hinweggesehen? Dafür gibt es mehrere Gründe, natürlich auch den in diesem Band mehrfach genannten, daß die Bundesrepublik im Hinblick auf die Juden, aber nicht im Hinblick auf die Zigeuner unter internationalem Druck stand und steht. Das gründet jedoch seinerseits in dem Umstand, daß die Juden, im Unterschied zu den Zigeunern und dank einer anderen kulturellen Tradition, bereits früh den Weg der Anpassung beschreiten konnten und weitgehend beschritten haben. Das aber hat nun auch zur Folge, daß es für einen Deutschen heute viel leichter ist, sich von der Judenverfolgung emotional zu distanzieren als von der Verfolgung der Zigeuner. Die Juden präsentieren sich den Deutschen heute nicht mehr als fremd und bedrohlich, bedrohlich nicht, weil sie im eigenen Land kaum noch vorhanden sind, fremd nicht, weil man an ihnen Eigenschaften wahrnimmt, mit denen man sich sogar in besonderem Maße identifizieren zu können meint, indem man, je nach Standort, zum Beispiel an die vielbeschworene deutsch-jüdische geistige Symbiose denkt oder an den Staat Israel. Und so kann, wenn man sich auf die Judenverfolgung konzentriert, die Zeit von 1933 bis 1945 leichter als ein Stück fremder Geschichte erscheinen, als säuberlich ausgrenzbarer Schandfleck.

Wer die Beiträge dieses Bandes gelesen hat, kommt nicht umhin zu erkennen, daß sich das Geschichtsbild verdüstert, sobald man sich auf die Zigeunerverfolgung einläßt. Im Hinblick auf sie, so zeigt sich, besteht in der Mentalität weitgehend und zum Teil sogar in der Gesetzgebung eine Kontinuität zwischen Kaiserzeit, Weimarer Republik, Drittem Reich und heute, eine Kontinuität, die exemplarisch in einem Satz zum Ausdruck kommt, der sich in einem Urteil des Bundesgerichtshofs von 1956 findet: »Die nach 1933 von seiten der nationalsozialistischen Gewalthaber gegen die Zigeuner ergriffenen Maßnahmen unterscheiden sich nicht samt und sonders von ähnlichen auch vor dem Jahre 1933 getroffenen Handlungen zur Bekämpfung des Zigeunerunwesens.« Der juristische Streit, ob die Zigeuner von den Nazis zuerst nur als Asoziale oder von Anfang an aus rassischen Gründen deportiert wurden, ist abwegig, weil es gerade die Pointe war, daß die Zigeuner aufgrund ihrer Rasse asozial seien. Konfrontieren wir uns mit der Zigeunerverfolgung der Nazis, so kann ich jetzt erstens, indem ich »wir« sage, »uns Deutsche« meinen, weil man sich in diesem Zusammenhang auch als Jude unwillkürlich auf der falschen Seite findet, auf der Seite derer, die erniedrigen, und nicht der Schicksalsgenossen. Wo es um die Abwehr anderer Minderheiten geht, teilen wir deutschen Juden die Vorurteile der anderen Deutschen; nicht umsonst haben wir uns so lange bemüht, deutscher zu sein als die Deutschen (womit ich nicht ausschließen will, daß es vorurteilsfreie Juden gibt, ebensowenig wie daß es andere vorurteilsfreie Deutsche gibt). Zweitens ist jetzt die Vergangenheitsbewältigung gar nicht mehr denkbar als Akt der Abgrenzung gegen etwas Vergangenes, sondern nur als Gegenwartsbewältigung von uns allen. Die ohnehin wenig fruchtbaren, weil rückwärtsgewandten Kategorien von Schuld und Sühne reichen jetzt nicht aus. Das Problem ist vielmehr, daß wir uns ändern müßten. Im Hinblick auf die Zigeuner ist deutlicher zu erkennen als in anderen Zusammenhängen, daß die Exzesse der Nazis nur eine Eskalation eben jener Geisteshaltung waren, die auch schon vor 1933 da war und die wir auch noch heute in uns finden. Vom Nichts-zu-tun-haben-Wollen mit einer Minderheit, deren Rechte von keinem anderen Staat vertreten werden und die nicht einmal zur Not in ihre Heimat abgeschoben werden könnte, zur erzwungenen An- und Umsiedlung und von da zum Konzentrationslager ist es jeweils ein schwerwiegender Schritt, aber eben doch auch nur ein Schritt.

Das Zigeunerproblem kann aus unserer eigenen Sicht nur sekundär die Frage betreffen, was aus den Zigeunern wird (das werden wir letztlich diesen selbst überlassen müssen). Primär geht es für uns darum, was aus uns wird. Es ist nur in zweiter Instanz ein juristisches Problem, es läßt sich nicht rechtlich und administrativ lösen, weil es in erster Linie ein Problem unseres sozialen Verhaltens ist. Das Vorurteil, die Zigeuner seien asozial, ist nur der Reflex unserer eigenen unsozialen Lebensform: wir nennen sie asozial, weil sie sich an unsere, das Individuum vereinzelnde Leistungsgesellschaft nicht anpassen wollen. Mit einem bloß karitativen Umdenken, um der Zigeuner willen, das diese wieder nur zu Objekten machen würde, ist es nicht getan. Der Bann wäre erst gebrochen, wenn wir unsere eigene Lebensweise nicht mehr unbefragt als Maßstab voraussetzen würden; wenn wir das Unbefriedigende und Asoziale unserer Lebensweise nicht mehr aus unserem Bewußtsein verdrängen müßten; wenn an die Stelle der Berührungsangst ein Kontaktbedürfnis mit anders lebenden Menschen treten könnte.

Da erscheint es als Lichtblick, daß sich in Teilen unserer eigenen jüngeren Generation heute ein Bewußtsein entwikkelt hat, daß die Werte unserer Gesellschaft für ein erfülltes Leben unzureichend sind. Diese Generation hat Werte wiederentdeckt, die denen der Zigeuner in manchen Hinsichten nahekommen. Ob wir einen Weg finden zu einer partnerschaftlichen Integration der Zigeuner, könnte daher davon abhängen, ob wir einen Weg finden zu einer echten Auseinandersetzung mit der zu unserer eigenen Kultur gehörenden Gegenkultur. Aber auch umgekehrt: wenn wir nicht aufhören, die einen zu diskriminieren, werden wir auch nicht umhin können, die anderen zu gettoisieren und zu unterdrücken. *(1979)*

Rationalität und Irrationalität der Friedensbewegung und ihrer Gegner
Versuch eines Dialogs

I.

Ich gehe aus von dem sich immer erneut wiederholenden beklemmenden Erlebnis, daß man sich in der Frage des gemeinsamen Überlebens gegenseitig nicht versteht. Fast die ganze westliche Welt ist wie gespalten in zwei große, über die nationalen Grenzen zusammenhängende Kommunikationssysteme, die sich gegenseitig abzuschotten drohen und neue Grenzen schaffen, die quer durch Familien und Freundschaften verlaufen. Es sind nicht einfach entgegengesetzte politische Zielsetzungen. Die tiefere Differenz, die uns aneinander und, wenn wir dünnhäutig sind, an uns selbst verzweifeln lassen kann, ist die Differenz in der Sprache, im Verstehen, in den unausgesprochenen Voraussetzungen, die in die beiderseitige Wahrnehmung der politischen Realitäten eingehen.

Wenn Menschen sich nicht mehr verstehen, können sie sich gegenseitig nur noch irrational erscheinen; das liegt einfach im Sinn des Nichtverstehens. Es ist daher kein Zufall, daß der häufigste wechselseitige Vorwurf, der von den Gegnern der Friedensbewegung gegen diese und von dieser gegen jene erhoben wird, der Vorwurf der Irrationalität ist. Ein solcher Vorwurf bedeutet immer, daß die Gründe, die die anderen für ihre Überzeugungen anführen, als unzureichend empfunden werden. Wenn wir die Gründe der anderen nicht mehr verstehen können, können wir nur noch versuchen, ihre Überzeugungen aus Motiven zu erklären, die ihnen selbst nicht bewußt sind. Ein solches Vorgehen impliziert, daß wir die andere Seite nicht mehr als Dialogpartner ernst nehmen können, daß wir nicht mehr mit ihr, sondern nur noch über sie sprechen. Dieser Rekurs auf die dahinterliegenden psychologischen und sozialpsychologischen Motive ist rational und sogar unerläßlich, *wenn* wir eine Position nicht mehr direkt verstehen können. Er ist aber nicht rational, wenn er vorzeitig einsetzt, d. h. wenn wir nicht vorher alles getan haben, die Gründe der anderen Seite im Dialog zu verstehen. Im konkreten Fall ist der vorschnelle Vorwurf der Irrationalität in beiden Richtungen wenig überzeugend, weil sich doch niemand einreden kann, daß alle Vertreter der jeweils anderen Seite dumm oder böswillig oder beides sind.

Im politischen Kampf liegt es nahe, den Gegner zu diffamieren. Der Dialog wird möglichst rasch abgebrochen, jede Seite sucht sich diejenigen Aspekte der anderen heraus, wo sie möglichst schwach erscheint. Platon stellte dieser rhetorischen Methode, wie er sie nannte, diejenige gegenüber, die er als die philosophische bezeichnete, wobei »philosophisch« einfach besagt, daß man einen Dialog anstrebt, in dem es nicht um Punktesammeln, sondern um größtmögliche gegenseitige Wahrhaftigkeit geht, und das heißt: um größtmögliche intersubjektive Rationalität. Platons Forderung, daß die Politiker in diesem Sinne Philosophen werden müssen, ist über die Jahrhunderte belächelt worden. In der gegenwärtigen Frage aber, in der es um unser Überleben geht, können wir uns den Verzicht auf gegenseitige Verständigung nicht leisten. Jedes Versäumnis an Rationalität ist ein weiterer Schritt an den Abgrund. Rationalität ist aber wesensmäßig intersubjektive Rationalität, weil wir nur, wenn wir uns den Gegengründen der anderen Seite aussetzen, die Triftigkeit und das Gewicht der eigenen Gründe ermessen können.

Ich werde mir also im folgenden einen Dialogpartner vorstellen, der auf der anderen Seite steht und von dem ich weiß, daß er weder dumm noch böswillig ist, und von dem ich voraussetze, daß er ein ebenso starkes Bedürfnis nach Verständigung hat wie ich. Das Gespräch mit Rudolf – das ist der Name, den ich meinem Freund gebe – soll den Sinn haben, das Panorama der hier strittigen Gesichtspunkte mitsamt ihren Hintergrundannahmen auszuleuchten.

Dem Kontrahenten von Rudolf gebe ich keinen ebensolchen fiktiven Namen, sondern hier bleibe ich in erster Person, um einen falschen Anschein von Objektivität zu vermeiden. Ich will mein Engagement nicht verleugnen, ich stehe nicht über den Parteien. Darüber hinaus ist natürlich klar, daß auch der Dialog im ganzen subjektiv insofern ist, als das Gespräch von mir konstruiert wird und ich es bin, der meinem Freund seine Argumente in den Mund legt. Ich kann dabei nicht mehr tun als mich zu bemühen, ihn mit den stärksten Argumenten auszustatten, die ich aus Gesprächen, aus der Literatur und aus eigener Reflexion kenne, und es ist natürlich ganz ausgeschlossen, daß ich dabei auch nur annähernd wirkliche Objektivität erreiche. Wäre es dann nicht besser, so könnte man mir entgegenhalten, auf den gespielten Dialog zu verzichten und einen Diskurs mit einem lebendigen Partner zu suchen, der Argumente bringen würde, die ich gar nicht antizipieren kann? Doch das eine schließt das andere nicht aus. Podiumsdiskussionen und Interviews haben ihre eigenen Chancen, aber auch ihre eigenen Schwierigkeiten.

Nun wird Rudolf zunächst gar nicht bereit sein, sich ohne weiteres auf eine Argumentation einzulassen, die mit dem Titel dieses Vortrags überschrieben ist. »Kann man denn überhaupt«, so höre ich ihn fragen, »von *der* Friedensbewegung sprechen? Besteht nicht die sogenannte Friedensbewegung aus einem Gemisch der verschiedensten Positionen? Und wenn die Friedensbewegung keine bestimmte Position darstellt, ist auch die Rede von ›ihren Gegnern‹ ebenso unbestimmt. Außerdem ist die Selbstbetitelung ›Friedensbewegung‹ schon deswegen ärgerlich, weil sie unterstellt, daß nur diejenigen, die sich zu dieser Bewegung zählen, auf Frieden ausgerichtet sind. Das Ziel der Friedenserhaltung haben wir doch aber alle, wir unterscheiden uns nur in unserer Vorstellung über die geeignetsten Mittel.«

»Ganz recht«, antworte ich, »hier sind durchaus Unterscheidungen erforderlich. Die globale Bezugnahme auf ›die Friedensbewegung‹ im Titel war jedoch nötig, weil sie einen Stellenwert im öffentlichen Bewußtsein hat. Von ihr müssen wir also ausgehen. Übrigens hat die globale Bezugnahme auf ›die‹ Friedensbewegung häufig gerade einen verdeckten rhetorischen Stellenwert, wenn die Friedensbewegung von Deinen Freunden als irrational bezeichnet wird. Man geht dann davon aus, daß bestimmte Fernziele vieler, die sich zur Friedensbewegung zählen, utopisch, unrealistisch und in diesem Sinn irrational sind, und überträgt das dann stillschweigend auf bestimmte Nahziele, die von der Friedensbewegung gefordert werden, wie die Verhinderung der Nachrüstung.«

Ich stimme also mit Rudolf darin überein, daß wir die Frage der Rationalität und Irrationalität der Friedensbewegung und ihrer Gegner überhaupt nur klären können, wenn wir verschiedene Ebenen unterscheiden. Wovon ich ganz absehe, sind diejenigen gewiß großen Teile der Friedensbewegung, denen man Uninformiertheit über die militärpolitischen Details vorwerfen kann. Sich nicht oder nur einseitig zu informieren in einer Frage, die man für überragend wichtig hält und von der man weiß, daß sie kontrovers ist, und gleichwohl eine bestimmte Position zu beziehen, ist eine Haltung, auf die in der Tat wie auf keine andere die Bezeichnung Irrationalität paßt, aber diese Haltung findet sich natürlich auf der anderen Seite genauso, ja quantitativ in wesentlich größerem Ausmaß, ein Umstand, der seine einfache Erklärung darin findet, daß der Großteil derer, die nicht zur Friedensbewegung gehören, das Problem eben nicht für überragend wichtig halten. Im übrigen ist diese

Form der Irrationalität – das Versäumnis, sich angemessen zu informieren – natürlich ein graduelles Phänomen. Das macht es freilich nicht besser, ja es ist das eigentliche Hauptübel. Rudolf ist für mich so definiert, daß er ungefähr gleich informiert ist wie ich, keiner von uns ist ein Experte. Wir einigen uns daher leicht dahingehend, daß wir darauf verzichten, diesen Pauschalvorwurf gegenseitig zu erheben, und statt dessen, wo wir im Gespräch auf Stellen stoßen, an denen wir merken, daß wir unzureichend sachkundig sind, dies zum Anlaß nehmen wollen, uns besser zu informieren. Man kann das auch so ausdrücken: ich unterstelle, daß wir beide wenigstens den Willen zur Rationalität haben.

Auf Rudolfs Forderung, die Rede von der Friedensbewegung so zu präzisieren, daß man sich mit wohldefinierten Positionen auseinandersetzen kann, will ich jetzt in zwei Stufen antworten. Der kleinste gemeinsame Nenner der europäischen Friedensbewegung besteht in der Ablehnung der sogenannten Nachrüstung. Damit ist der entscheidende Punkt der aktuellen Auseinandersetzung bezeichnet. Aber weder Rudolf noch ich sind willens, das Gespräch auf diesen doch etwas vordergründigen Aspekt einzuschränken. Würden wir uns auf diese enge Definition beschränken, ließe sich auch die Gemeinsamkeit der Friedensbewegungen auf den verschiedenen Kontinenten nicht verstehen – in Europa, Nordamerika, Japan, Australien.

Worin besteht diese Gemeinsamkeit? Man kann sie, meine ich, in zwei empirischen Annahmen und einer Zielsetzung zum Ausdruck bringen. Die beiden empirischen Annahmen lauten: 1. der Atomkrieg ist wahrscheinlich, 2. seine Wahrscheinlichkeit nimmt zu. Die Zielsetzung lautet: der Atomkrieg muß unbedingt verhindert werden. Dabei liegt die Betonung auf dem Wort »unbedingt«. Hingegen ist die unbedingte Verhinderung von Krieg überhaupt (ich betone: die unbedingte) zwar auch eine in den Friedensbewegungen verbreitete Zielsetzung, aber kein Konsens. Ich will also als wesentliches Definiens der Friedensbewegung festhalten, daß sie zwar nicht durchgängig unbedingt pazifistisch ist, wohl aber durchgängig und unbedingt nuklearpazifistisch. Es ist wichtig, die Wertungen, die in dieser Zielsetzung impliziert sind, sich klar vor Augen zu stellen. Erstens, aller Krieg ist ein Übel, das ist heute (es war nicht immer so) eine von allen, innerhalb und außerhalb der Friedensbewegung geteilte Wertannahme, aber der Atomkrieg ist in den Augen der Friedensbewegung ein mit sonstigem Krieg unvergleichliches Übel, weil er das äußerste Übel ist, da er das Ende der Gattung und des Lebens überhaupt bedeuten kann. Zweitens, weil der Atomkrieg das äußerste Übel ist, ist er auch mit allen anderen negativen Werten unvergleichbar.

Jetzt kann ich Rudolf auch verständlich machen, warum die Friedensbewegung ihren Namen zu Recht trägt und dies gleichwohl nicht impliziert, daß denjenigen, die nicht zur Friedensbewegung gehören, der Wille zum Frieden abgestritten wird. Natürlich wollen auch die Gegner der Friedensbewegung den Atomkrieg wenn irgend möglich vermeiden, aber genau hier liegt eben der Unterschied: sie wollen ihn *wenn irgend möglich* vermeiden, nicht *unbedingt*. Und darin ist eine andere Wertskala impliziert. Den Atomkrieg wenn irgend möglich vermeiden wollen, heißt, ihn vermeiden wollen, es sei denn, man kann ohne ihn ein anderes, ebenso großes oder noch größeres Übel nicht vermeiden, z. B. die Unfreiheit. Für die Gegner der Friedensbewegung ist also der Frieden ein hoher Wert, aber nicht der höchste: entweder es gibt einen anderen noch höheren Wert (ich erinnere an Alexander Haigs Ausspruch: »Es gibt Wichtigeres als den Frieden«) oder man sagt, wie man es von bundesrepublikanischen Politikern hört, daß die zwei Werte Frieden und Freiheit gleichrangig sind. Damit ist jetzt klar, inwiefern die Friedensbewegung diese Bezeichnung zu Recht trägt: sie vertritt die Auffassung, daß dem Frieden, genauer gesagt: der Vermeidung eines atomaren Krieges, die höchste Priorität zukommt.

Ich kann mich jetzt auch mit Rudolf leicht über die Gliederung unseres Gesprächs einigen: im ersten Teil wird das Nahziel der Friedensbewegung zur Diskussion stehen: die Ablehnung der Nachrüstung, im zweiten Teil die grundsätzliche Position des Nuklearpazifismus. Zwischen beiden Fragen besteht kein logischer Zusammenhang: es wäre im Prinzip denkbar (obwohl es aus guten Gründen empirisch nicht vorkommt), daß ein Nuklearpazifist die Nachrüstung bejaht, wenn er nämlich der Meinung wäre, daß die Nachrüstung den Ausbruch des Atomkrieges unwahrscheinlicher macht; und allemal ist natürlich die umgekehrte Kombination möglich (und empirisch sogar sehr verbreitet), daß jemand den Nuklearpazifismus ablehnt und gleichwohl gegen die Nachrüstung ist.

Solange ich mit Rudolf über die Nachrüstung diskutiere, kann ich deswegen die Frage der letzten Wertsetzungen weitgehend offenlassen und unterstellen, daß es uns beiden um dasselbe Ziel geht, nämlich die Wahrscheinlichkeit eines Atomkrieges zu vermindern. Allerdings ist Rudolf der zusätzliche Gesichtspunkt besonders wichtig, daß wir auch unsere politische Erpreßbarkeit verhindern müssen. So oder so ist die Frage der Rationalität, mit der wir es in diesem ersten Teil zu tun haben werden, weitgehend jene einfachste Form von Rationalität, die die Frage betrifft, welches die geeignetsten Mittel sind, um einen vorgegebenen Zweck zu erreichen. Im zweiten Teil werden wir es dann mit anderen Aspekten von Rationalität zu tun haben. Erstens mit Einschätzungsfragen, die auch schon in den ersten Teil hereinspielen werden, also z. B. die Frage, ob es rational – und das heißt jetzt: realitätsadäquat – ist, die Wahrscheinlichkeit eines Atomkriegs für ziemlich hoch oder für ziemlich gering zu halten. Diese Einschätzungsfragen sind zum Teil nicht objektiv entscheidbar. Hier besteht dann Rationalität darin, sich wechselseitig über den Stellenwert dieses subjektiven Faktors und seine Tragweite klar zu werden. Zweitens werden wir uns über unsere letzten Wertsetzungen verständigen müssen. Hier kann intersubjektive Rationalität nicht darin bestehen, die eine Wertsetzung als rationaler als die andere zu erweisen – eine Wertsetzung ist nicht an und für sich rational –, sondern nur darin, daß wir uns wechselseitig helfen, die eigene Wertsetzung und ihre Implikationen nicht im Halbdunkel zu belassen.

II.

Also zunächst zur Nachrüstung. Ich will annehmen, daß Rudolf seine positive Einstellung zur Nachrüstung ungefähr so begründet: »Die Russen«, sagt er, »haben die Zeit der politischen Entspannung dazu genützt, ihre Rüstung sowohl im konventionellen wie im atomaren und hier insbesondere im Mittelstreckenraketenbereich enorm zu erhöhen. Außerdem ist ihre expansionistische Tendenz bekannt, sowohl aufgrund ihrer Ideologie wie aus jüngster historischer Erfahrung, siehe Afghanistan. Da mir aber Deine und Deinesgleichen Naivität und Verharmlosungstendenz bezüglich der Gefahr, die aus dem Osten droht, bekannt ist, verzichte ich auf nähere Ausführungen zu diesem Punkt, weil ich Dich in wenigen Minuten ohnehin nicht überzeugen könnte. Glücklicherweise können wir bei unserer Frage von Hypothesen über die Absichten der sowjetischen Führung ganz absehen. Die bloße Tatsache des Ungleichgewichts der Waffen reicht aus. Ich zitiere aus Kissingers Rede vom 1. September 1979 in Brüssel: ›Ich bin nicht einmal der Meinung, daß die derzeitigen sowjetischen Führer besonders abenteuerlustig wären.‹ Aber: ›Noch nie in der Geschichte ist es vorgekommen, daß eine Nation Überlegenheit in allen wesentlichen Waffenkategorien erlangt und nicht auch versucht hat, daraus irgendwann irgendeinen außenpolitischen Gewinn zu erzielen.‹[1] Ich bin bereit zuzugestehen, daß Kissinger übertreibt, wenn er von ›allen wesentlichen Waffenkategorien‹ spricht, aber für erwiesen halte ich die sowjetische Überlegenheit bei den konventionellen Waffen und bei den landgestützten Mittelstreckenraketen. Wegen der russischen Überlegenheit bei den konventionellen Waffen können wir es uns nicht leisten, von der Doktrin der flexiblen atomaren Abschreckung abzugehen. Und die sowjetische Überlegenheit bei den Mittelstreckenraketen hat in der flexiblen Abschreckungsstrategie ein ›Fenster der Verwundbarkeit‹ geöffnet. Es besteht die Gefahr der Abkopplung zwischen Europa und den USA, zwischen der Abschreckung durch die Kurzstreckenraketen und der durch die Interkontinentalraketen. Es ist also nur rational – und das Gegenteil wäre irrational – zu wünschen, daß die USA ihrerseits Mittelstreckenraketen aufstellen, wenn die Sowjetunion die ihren nicht abbaut. Genau das ist ja der Sinn des NATO-Doppelbeschlusses vom 12. Dezember 1979.«

»Schön, Rudolf. Was Deinen ersten Punkt betrifft, meine Naivität: ich halte die sowjetischen Führer nicht für gute Menschen, ich traue ihnen jede Skrupellosigkeit in der Durchsetzung ihrer Absichten zu. Aber mir erscheint, wie Du schon vermutet hast, Deine Einschätzung ihrer Absichten ganz unrealistisch. Ich würde Dir die Lektüre des Buches *Im Schatten der Atombombe* von George Kennan empfehlen, der immerhin der Vater der amerikanischen Eindämmungspolitik ist. In seinem dort abgedruckten Exposé von 1978 über ›Ziele sowjetischer Strategie‹ gibt er sehr präzise die Kriterien an, die nach seiner Meinung für militärische Interventionen von seiten der sowjetischen Führer gelten, soweit man das aus ihrem Verhalten und aus ihrer

---

[1] Kissingers Rede ist abgedruckt in: A. Mechtersheimer/P. Bahrdt (Hrsg.), *Den Atomkrieg führbar und gewinnbar machen?*, Rowohlt 1983, S. 48 ff.

Ideologie entnehmen kann. Gewiß, auch das ist nur eine, wenn auch empirisch fundierte Meinung, und Du kannst geltend machen, daß die entgegengesetzten Meinungen einen ebensolchen Anspruch auf empirische Fundierung erheben. Hier bleibt uns also als rationales intersubjektives Verhalten nur die Bereitschaft, uns beide sachkundiger zu machen und im übrigen anzuerkennen, daß es hier verschiedene Einschätzungen gibt. Wir werden immer solche Einschätzungsfragen präzise einzugrenzen und festzustellen haben, welcher Stellenwert ihnen für die weitere Argumentation zukommt. Im konkreten Fall stimme ich mit Dir überein, daß unsere unterschiedlichen Einschätzungen der sowjetischen militärpolitischen Absichten für unser jetziges Problem – die Nachrüstung – zwar einen emotionalen, demagogisch verwertbaren, aber keinen rationalen Stellenwert haben. Ich will noch einen Schritt weiter gehen. Ich will für den ganzen Verlauf unserer heutigen Argumentation Deine von mir für unwahrscheinlich gehaltene Einschätzung hypothetisch übernehmen.

Es gibt nun einen zweiten Komplex empirischer Ungewißheit, den wir vielleicht ähnlich behandeln können. Ich meine die Frage nach dem Ausmaß des Ungleichgewichts bei den Mittelstreckenraketen. Nach den Schätzungen des Stockholmer Friedensforschungsinstituts SIPRI handelt es sich um ein Verhältnis von 2 : 1 zugunsten der Sowjetunion. Du weißt, daß es viele andere Schätzungen gibt, die von dieser in beiden Richtungen abweichen, wobei die Differenzen zu einem großen Teil in der Unsicherheit des Begriffs Mittelstreckenraketen gründen: werden auch die französischen und britischen Mittelstreckenraketen gezählt, und wenn ja, nur die jetzt vorhandenen oder auch die geplanten; werden auch die sogenannten *forward based systems* der Amerikaner gezählt; werden auch die seegestützten Systeme gezählt, und wenn ja, welche, usw. Über diese Fragen streiten sich sowohl die Experten wie die Abrüstungsdelegationen. Müssen auch wir uns über sie streiten? Aus Deiner Perspektive müßten wir es wohl, denn Du bist der Meinung, daß der Gesichtspunkt des Gleichgewichts auf jeder Ebene wesentlich ist. Da ich aber diesen Gesichtspunkt des Gleichgewichts nicht für wesentlich halte, fällt es mir leicht, Dir auch in dieser zweiten Einschätzungsfrage entgegenzukommen. Setze also das numerische Ungleichgewicht so ungünstig für den Westen an, wie Du magst; ich bin bereit, diese Voraussetzung hypothetisch zu übernehmen.

Und nun kann ich mich auf den Punkt konzentrieren, der keine Einschätzungsfrage ist, sondern das Prinzip betrifft, das Du wie selbstverständlich unterstellst, eben das des Gleichgewichts. An dieser Stelle muß ich aus der Rolle fallen und ein böses Wort verwenden. Ich halte dieses Gleichgewichtsargument, das die gesamte Argumentation der Nachrüstungsbefürworter beherrscht, für demagogisch, und zwar deswegen, weil es an der Oberfläche einen so großen Anschein an Plausibilität und also Rationalität hat und erst, wenn man genauer nachsieht, sich als irrelevant erweist. Der Anschein der Plausibilität ergibt sich daraus, daß diese Kategorie des numerischen Gleichgewichts in der Tat für alle herkömmlichen Formen von Waffen und Kriegen relevant war. Auf den sprichwörtlichen Mann auf der Straße, der sich auf die Sache nicht genauer einläßt, muß daher das Argument, daß ein Ungleichgewicht besteht, einen tiefen Eindruck machen. Die Russen haben landgestützte Mittelstreckenraketen, wir haben keine, also werden wir uns gegen sie gewiß nur so schützen können, daß wir auch welche aufstellen.

Ist das denn aber der Fall? Wie sieht denn die Situation aus, wenn man sich genauer auf sie einläßt? Die Funktion der Atomraketen ist, daß sie der Abschreckung dienen sollen, d.h. man droht dem Gegner mit einem für ihn unakzeptablen Schaden. Dafür ist aber kein Gleichgewicht erforderlich. Ein einziges amerikanisches Poseidon-U-Boot mit seinen 140 Atomsprengköpfen wäre zur Abschreckung gegen einen Angriff der SS-20 ausreichend.«

»Und die Ankopplung an die USA?«, wirft Rudolf ein.

»Wenn die USA diese Ankopplung wünschen, können sie sie mit dem einen U-Boot herstellen, und wenn sie sie nicht wünschen, werden sie sie auch durch landgestützte Raketen nicht herstellen.«

»Angenommen, Du hättest damit recht«, sagt Rudolf, »daß Gleichgewicht irrelevant ist, dann würde doch bestenfalls folgen, daß die Herstellung des Gleichgewichts durch die Nachrüstung nicht notwendig ist, aber sie wäre immerhin optisch besser, und vor allem ist ihre Androhung wichtig, um die Sowjets zu einer Reduktion der SS-20 zu veranlassen; und aus Deiner eigenen Argumentation würde folgen, daß sie doch auch nichts schaden könnte. Warum wehrt Ihr Euch dann so furchtbar gegen sie?«

»Weil«, so antworte ich, »durch die vorgesehenen neuen Raketen ein anderes und das für das atomare Zeitalter einzig entscheidende Prinzip verletzt wird, das Prinzip der relativen Stabilität. Das entscheidende Argument gegen die Nachrüstung lautet, daß sie sich zusätzlich destabilisierend auswirken muß, d. h. daß sie die Gefahr des Ausbruchs der atomaren Katastrophe in hohem Maße vergrößert. Die Begründung kennst Du doch: sowohl die Pershing II wie die Cruise Missile haben eine bisher von keiner Rakete erreichte Treffgenauigkeit, und sie eignen sich beide zu einem Überraschungsangriff, die eine wegen ihrer extrem kurzen Flugzeit, die andere wegen ihrer Fähigkeit, von Radar unerkannt zu fliegen. Zwar haben auch die SS-20 eine ziemlich weitgehende, wenngleich wesentlich geringere Treffgenauigkeit, aber der entscheidende Unterschied ist, daß die neuen amerikanischen Raketen einen Teil des sowjetischen Kernlandes bedrohen werden, während es keine entsprechende sowjetische Bedrohung der USA gibt. In diesem Zusammenhang ist häufig zu Recht an die Kubakrise erinnert worden. Der Versuch der Sowjetunion, ein Mittelstreckenpotential unmittelbar vor den USA aufzubauen, ist damals von Kennedy als so bedrohlich empfunden worden, daß er der Sowjetunion ein Ultimatum stellte, mit dem er den Atomkrieg riskierte.

Außerdem muß die Stationierung dieser Raketen auch im Lichte von zwei neuen amerikanischen Strategiekonzeptionen gesehen werden, von denen die erste so entscheidend ist, daß sie geradezu zum Auslöser der Friedensbewegung wurde. Sie betrifft die aus dem letzten Regierungsjahr von Carter stammenden Pläne, wie man einen nuklearen Krieg durch selektive Schläge begrenzt führbar und gewinnbar machen kann. Die neuen Raketen sind Raketen, die für solche selektiven gezielten Schläge geeignet sind. Diese Pläne müssen noch bedrohlicher erscheinen, wenn sie sich mit dem Konzept der sogenannten horizontalen Eskalation verbinden, d. h. mit der ebenfalls schon von Carter in der Iran- und Afghanistan-Krise verkündeten Doktrin, daß bei einer Konfrontation mit der Sowjetunion in Bereichen außerhalb Europas, die die USA als lebenswichtig definieren, Gegenschläge auch in Europa erwogen werden würden. Wenn Du also von der möglichen atomaren Erpreßbarkeit Europas sprichst, mußt Du schon auch die mögliche atomare Erpreßbarkeit der Sowjetunion mitberücksichtigen. Und nun sag bitte nicht: was gehen mich die Sorgen der Russen an? Wenn die Russen sich übermäßig bedroht fühlen, muß sich daraus im Reflex eine übermäßige Bedrohung für uns ergeben. Wir werden jetzt bei jeder größeren internationalen Krise damit rechnen müssen, daß jede Seite einen Präventivschlag der anderen befürchten und gegebenenfalls versuchen wird, ihr zuvorzukommen. Hinzu kommt die durch die kurzen Flugzeiten erhöhte Gefahr einer Auslösung des atomaren Kriegs durch Computerfehler.

Die zweite neue Strategie, in die sich die neuen Raketen einfügen, ist der sogenannte Rogers-Plan, an dem auch unser Verteidigungsminister Wörner beteiligt ist. Er ist im allgemeinen weniger bekannt, aber Du kennst natürlich aus der FAZ die ausführlichen Darstellungen dieses Plans durch Adelbert Weinstein.[2] Die neue Strategie, die zum Teil offenbar inzwischen unter dem Titel »airland battle« bereits in das »field manual« der amerikanischen Armee eingegangen ist[3], besteht darin, sofort beim Ausbruch von Feindseligkeiten die Reserven der Sowjetarmee und das ganze militärische System des Hinterlandes zu zerstören – 2685 feste und bewegliche Ziele, wie Weinstein berichtet. Ermöglicht wird dieses neue Vorgehen durch die modernen Präzisionswaffen, die aber sollen transportiert werden (ich zitiere nur Deinen Gewährsmann Weinstein) durch Pershing-II-Raketen und Cruise Missiles, angeblich mit nichtnuklearen Sprengköpfen (wie sollen aber die Sowjets wissen, was für Sprengköpfe die anfliegenden Raketen enthalten?). Es heißt, dieser Plan soll es ermöglichen, die Atomschwelle anzuheben, faktisch ist aber damit die Grenze nicht nur zwischen defensiver und offensiver Kriegsführung, sondern auch zwischen konventionellem und nuklearem Krieg von vornherein aufgehoben, da erstens die Beschränkung auf konventionelle Sprengköpfe wohl kaum gewährleistet ist[4] und da zweitens die Sowjetunion ja nun ihrerseits versuchen würde, diese Raketen und Flugkörper sofort zu vernichten, gegebenenfalls atomar.

Ich komme also zu dem Ergebnis – und ich sehe nicht, wie man das bestreiten kann –, daß die Stationierung der Pershing II und der Cruise Missiles sich in mehrfacher Hinsicht extrem destabilisierend auswirken würde.«

»Zugestanden«, sagt Rudolf, »daß Du recht hast, daß der Begriff der Destabilisierung der hier entscheidende ist,

---

2 Vgl. die *Frankfurter Allgemeine Zeitung* vom 12. 11. (S. 7) und 30. 11. 1982 (S. 12).
3 Vgl. den Bericht von R. Nikutta in der *taz* vom 27. 9. 1983, S. 9.
4 Laut Nikutta ist in dem neuen »field manual« von vornherein die »Integration konventioneller, atomarer und chemischer Waffen« vorgesehen.

willst Du denn behaupten, daß die laufende Stationierung der SS-20 sich nicht destabilisierend auswirkt?«

»Politisch sicher, militärisch ist es umstritten. Da wir aber hier nicht in die Details einsteigen können, will ich Deine Frage schlicht mit Ja beantworten, obwohl ich aufgrund des eben Ausgeführten das Ausmaß der durch die SS-20 erzeugten Destabilisierung allemal für wesentlich geringer halte als das Ausmaß an Destabilisierung, das die neuen amerikanischen Raketen erzeugen würden. Aber wie immer: was willst Du denn mit dem jetzigen Argument sagen? Willst Du sagen, wenn die Sowjets eine sich destabilisierend auswirkende Maßnahme vollziehen, haben die Amerikaner ein Recht, dasselbe zu tun? Aber ist denn hier von Rechten die Rede? Schleichen sich hier nicht wieder unsachgemäße und insofern nichtrationale Gleichgewichtsvorstellungen herein, diesmal sogar aus dem Rechtsbereich? Im Bereich des Rechts mag es der Fall sein, daß wenn einer etwas gegen einen zweiten tut und der zweite daraufhin etwas Entsprechendes gegen den ersten, ein Ausgleich eintritt. Aber Destabilisierung der einen Seite plus Destabilisierung der zweiten Seite führt nicht zu Null, zur Stabilisierung, sondern zu potenzierter Destabilisierung.

Ich glaube, wir sind jetzt so weit, daß wir uns ganz auf die einzig relevante Frage konzentrieren können: ist die Nachrüstung rational in dem Sinn, daß sie ein geeignetes Mittel ist, unsere Sicherheit und Nichterpreßbarkeit zu erhöhen? Das wäre nur dann der Fall, wenn diese neuen Raketen dazu geeignet wären, die Sowjetunion von einem Angriff mit ihren SS-20 abzuschrecken. Dazu sind sie aber nicht geeignet, weil diese landgestützten amerikanischen Raketen im Gegensatz z. B. zu U-Boot-gestützten Raketen durch einen Angriff der SS-20 vernichtet würden, ehe sie zurückschlagen könnten. Die von der Nachrüstung vorgesehenen Raketen sind als Zweitschlagswaffen untauglich, sie sind nur denkbar als Erstverwendungswaffen. Daraus folgt, daß sie nicht nur ungeeignet sind, einen Angriff der SS-20 zu verhindern, sondern geradezu geeignet, die Wahrscheinlichkeit eines solchen Angriffs zu erhöhen. Diese Raketen sind, wie das ausgedrückt worden ist, Magneten. Sie können daher nur zur Zerstörung Europas führen, nicht zu seiner Verteidigung, nicht zu einer Abschreckung eines Angriffs, sondern nur dazu, einen solchen zu provozieren. Das heißt doch nun aber: nicht weil wir die SS-20 nicht für bedrohlich halten, sondern weil und wenn wir sie für bedrohlich halten, ist es irrational, die vorgesehenen neuen Raketen zu stationieren.«

»Es bleibt mir gleichwohl noch ein gewichtiger Einwand«, sagt Rudolf. »Siehst Du denn nicht, daß die Friedensbewegung Moskau in die Hände arbeitet? Und daß Ihr damit den Amerikanern bei den Genfer Verhandlungen in den Rücken fallt? Wenn die Sowjets nicht mit der Nachrüstung rechnen müßten, hätten sie sich nicht an den Verhandlungstisch gesetzt und nicht einmal die wenigen Konzessionen gemacht, die sie gemacht haben.«

»Daß das Nahziel der Friedensbewegung mit den Interessen Moskaus übereinstimmt, ist richtig, Rudolf, aber wieso ist das ein Argument? Es wäre ein Argument nur dann, wenn alles, was Moskau nützt, dem Westen schadet und umgekehrt. Aber dieses Argument ist nur beschränkt anwendbar. Wenn das von der einen Seite zu befürchtende Übel die erhöhte Wahrscheinlichkeit des Atomkriegs ist, ist dieses Übel dasselbe, das auch von der anderen Seite zu befürchten ist. Auch dieses Argument ist also, ähnlich wie das Gleichgewichtsargument, unsachgemäß und daher irrational und gleichwohl ebenso demagogisch stark, weil auch dieses Argument eine so große vordergründige Plausibilität besitzt.

Zu Deinem anderen Punkt – Verhandlungsbereitschaft und Konzessionen der Sowjetunion – möchte ich sagen: Du siehst selbst, daß bei der jetzigen Verhandlungsbasis der

Amerikaner zwar einige, aber doch nur wenige Konzessionen der Sowjetunion zu erhalten sind. Ich stimme mit Dir überein, daß die Sowjets nicht freiwillig Konzessionen machen. Aber ich hätte mir eine ganz anders geartete Verhandlungsposition der Amerikaner gewünscht, die auf Verringerung, nicht auf Steigerung der gegenseitigen Bedrohung ausgerichtet wäre.«

»Du weichst aus«, wirft Rudolf ein. »Der Verhandlungsrahmen ist nun einmal vorgegeben, und da trägt doch die Friedensbewegung zu einer Schwächung der amerikanischen Position bei, ja oder nein?«

»Ja«, gebe ich zu. »Aber man kann nun einmal nicht beides haben, wir stehen hier vor einer Güterabwägung. Natürlich freue ich mich über jede Reduktion der SS-20, die die Amerikaner aus den Russen herauspressen, aber vor die häßliche Wahl gestellt, die Drohung mit der Nachrüstung und dann also auch deren wahrscheinliche Realisierung zu bejahen oder uns notfalls mit der unverminderten Zahl der SS-20 abzufinden, wäre es irrational, nicht das geringere Übel zu wählen.«

»Laß uns noch einmal einen Blick zurückwerfen«, sagt Rudolf. »Deine Argumentation ist vielleicht triftig, *wenn* man, wie Du, unterstellt, daß die Wahrscheinlichkeit eines Ausbruchs des Atomkriegs relativ hoch ist. Wenn man diese Wahrscheinlichkeit jedoch für extrem gering hält, bleibt dann nicht auch die von Dir für den Fall der Nachrüstung nachgewiesene Erhöhung dieser Wahrscheinlichkeit immer noch gering? In diesem Fall gewinnen aber die von Dir als völlig sekundär angesehenen Pluspunkte der anderen Seite größeres Gewicht: erstens, daß wir bei einem Ja zur Nachrüstung keine Krise im Bündnis riskieren, zweitens, daß wir Konzessionen von der Sowjetunion erreichen, drittens, daß sich die NATO nicht durch Nachgeben bei den Verhandlungen eine politische Blöße gibt und viertens, daß wir weniger erpreßbar sein würden. So schreibt z. B. Alois Mertes in einem Artikel im Europa-Archiv dieses Jahres, daß die Gefahr eines Krieges als ›äußerst gering anzusehen ist‹ und die eigentliche Gefahr vielmehr in der ›schleichenden Unterwerfung‹ unter die sowjetische Erpressung liegt und deswegen die Nachrüstung rational geboten ist.[5] Kannst Du die Rationalität dieser Position bestreiten?«

»Nun, Rudolf, es fällt mir immer noch schwer, mir eine Situation vorzustellen, die so definiert wäre, daß die Russen uns eher atomar unter Druck setzen könnten, wenn wir die neuen Raketen nicht haben, als wenn wir sie haben, wobei Du Dir noch einmal vor Augen führen mußt, daß sie keine Zweitschlagswaffen, also keine Drohverhinderungswaffen sind, aber es mag sein, daß ich da etwas übersehe. In diesem Fall wäre also eine Position wie die von Mertes rational, d. h. es wäre rational, die Nachrüstung zu befürworten, *wenn* man erstens glaubt, die tatsächliche Gefahr eines Kriegsausbruchs praktisch ausschließen zu können, und *wenn* man sich ausschließlich auf die Bedrohung aus dem Osten konzentriert und die Bedrohungswahrnehmungen der Sowjetunion außer acht läßt. Das ist also die mögliche Rationalität der Nachrüstung, aber das ist eben eine immanente Rationalität, die wesentliche Aspekte der Situation ausblendet und deswegen im ganzen irrational ist.«

Doch hat Rudolf hier gewiß seinen Finger auf einen wesentlichen Punkt gelegt. Mertes ist kein Einzelfall. Soweit ich sehe, ist es ziemlich allgemein für die Befürworter der Nachrüstung charakteristisch, daß sie die Wahrscheinlichkeit eines Krieges für sehr gering halten, während die Gegner der Nachrüstung sie für hoch halten. Von dieser Einschätzungsfrage scheint ziemlich viel abzuhängen.

---

5 A. Mertes, »Friedenserhaltung – Friedensgestaltung«, *Europa-Archiv* 1983, S. 187ff.

III.

Damit komme ich zum zweiten Teil unserer Auseinandersetzung, der die grundsätzliche Position der Friedensbewegung betrifft, ihr Insistieren auf einem Nuklearpazifismus. Dieser Forderung liegen zwei Prämissen zugrunde: 1. ein Atomkrieg ist das größte denkbare Übel, 2. der Atomkrieg ist unter gegenwärtigen Bedingungen wahrscheinlich und wird wahrscheinlicher. Die erste Prämisse sollte eigentlich unkontrovers sein. Wie steht es mit der zweiten?

»Ich fürchte, Rudolf, daß eine Position wie die von Mertes nicht konsistent ist. Man kann nicht, wie er es tut, erstens die Drohung mit dem Atomkrieg für politisch essentiell halten und zweitens meinen, daß die Wahrscheinlichkeit der Realisierung dieser Drohung nahe an Null liegt, denn dann wäre die Drohung nicht glaubhaft. Die Begründung, die Mertes für das niedrige Risiko gibt, ist verblüffend blauäugig. Er schreibt: »angesichts der Überlebensinteressen der Großmächte«. Wissen wir denn nicht, daß das eigentliche Problem, von Computerfehlern einmal abgesehen, darin liegt, daß sich die Beteiligten wider Willen durch Drohungen in eine ausweglose Situation manövrieren können, in der ihnen das Geschehen aus der Hand gleitet? Das liegt nicht an menschlicher Schwäche, sondern gehört einfach zum Sinn einer Drohung. Bei der Kubakrise hat Chruschtschow nachgegeben, weil die Sowjets in der Atomrüstung noch extrem unterlegen waren, aber es scheint inzwischen festzustehen, daß er deswegen gestürzt ist. Was wird das nächste Mal passieren? Wenn der Bedrohte nicht nachgibt, steht der Bedrohende unter Handlungszwang, oder seine Drohung wird künftig nicht mehr ernst genommen. Und wenn es das nächste Mal noch einmal gut gehen sollte, was wird beim übernächsten Mal passieren?

Weizsäcker schreibt in seinem Buch *Wege in der Gefahr*: ›Der dritte Weltkrieg ist wahrscheinlich‹ (S. 110), und im

8. Kapitel führt er das mathematisch in einer Form aus, die von Afheldt wie folgt zusammengefaßt wird: ›Soll die Abschreckung über lange Zeit glaubwürdig bleiben, muß die Wahrscheinlichkeit des Einsatzes der Waffen über lange Zeit größer als Null sein. Ist diese Wahrscheinlichkeit aber konstant größer als Null, so wird sie über sehr lange Zeiträume gleich 1, der Krieg also sicher.«[6]

Rudolf wirft ein, das sei eben eine Überlegung »über sehr lange Zeiträume«.

»Gewiß, über kurze Zeiträume läßt sich da nichts mathematisch Präzises angeben. Sicher aber scheint, daß die Wahrscheinlichkeit, wie immer wir sie für einen kurzen Zeitraum ansetzen, zur Zeit rapide zunimmt, selbst wenn die Nachrüstung ausbleiben sollte. Das liegt vor allem an den bei beiden Supermächten vorhandenen Ideen über die Führbarkeit eines begrenzten Atomkrieges. Die global gesehen noch größere Gefahr als die Nachrüstung besteht in den amerikanischen Plänen für ein Totrüsten der Sowjetunion, insbesondere für eine enorme Aufrüstung durch U-Boot-gestützte punktgenaue cruise missiles, der die Sowjetunion vorerst nichts Äquivalentes entgegenzusetzen hat. Hier ließe sich das Zitat von Kissinger, das Du anfangs angeführt hast, in umgekehrter Richtung mit Bezug auf die jetzt vorgesehene konventionelle und atomare Überrüstung der Amerikaner anwenden. Auf sowjetischer Seite kann das zu einer Kurzschlußreaktion führen.

Ich will das nicht weiter ausführen. Es ist klar, daß die Frage, wie wahrscheinlich die Atomkatastrophe ist, subjektiv ist; nur die Annahme, daß sie nahe an Null ist, ist unrealistisch und insofern irrational. Nun besteht rationales Handeln darin, daß es angesichts der in der Handlungssituation gegebenen verschiedenen Alternativen zwei Parameter berücksichtigt: erstens die Wahrscheinlichkeit und zweitens den Wert bzw. Unwert der Alternativen. Der Un-

6 H. Afheldt, *Verteidigung und Frieden*, Hanser 1976, S. 22.

wert des Ereignisses, mit dem wir es hier zu tun haben, ist aber der denkbar höchste. Wieder ist es nicht möglich, das Produkt dieser beiden Meinungen, der Meinung über die Wahrscheinlichkeit und der Meinung über den Unwert des Ereignisses, auf eine objektive mathematische Formel zu bringen. Auch hier spielen natürlich subjektive Faktoren eine Rolle. Verschiedene Personen sind verschieden risikofreudig. Manche tun alles, um ein verhältnismäßig unwahrscheinliches, aber besonders furchtbares Ereignis zu verhüten, und sind relativ unbesorgt angesichts verhältnismäßig wahrscheinlicher, aber weniger schlimmer Ereignisse, andere verhalten sich umgekehrt. Aber wie immer sich die Individuen psychologisch unterscheiden mögen, bei gleicher Wahrscheinlichkeit muß die Angst bei zunehmender Furchtbarkeit des Ereignisses wachsen, ›muß‹, *wenn* das Subjekt rational ist. Häufig wird der Friedensbewegung vorgeworfen (natürlich nicht von Rudolf, der dafür zu klug ist), daß sie irrational sei, weil sie von Angst bestimmt ist. Man begeht hier den Fehler anzunehmen, daß Affekte irrational sind. Aber Affekte sind nur dann irrational, wenn sie nicht realitätsgerecht sind, aber genauso irrational ist die Affektlosigkeit, wenn sie nicht realitätsgerecht ist. Angesichts einer wahrscheinlichen und ungeheuren Gefahr ist nicht die Angst, sondern die Angstfreiheit irrational.

Nun ist rationales Handeln ein Wählen zwischen bestehenden Alternativen. Wir werden also prüfen müssen, wie die Alternative aussieht, ob das Produkt von Wahrscheinlichkeit und Unwert der Alternative größer oder kleiner ist als die Gefahr, die wir mit dem Atomkrieg riskieren, also dem Ereignis, dessen Unwert der denkbar höchste ist und dessen Wahrscheinlichkeit irgendwo zwischen 0 und 1 liegt. Wegen der genannten subjektiven Faktoren kann diese Frage – das wissen wir jetzt von vornherein – keine eindeutige Antwort finden. Hier gehört die Einsicht in die Subjektivität der Faktoren, in die nicht eindeutige Entscheidbarkeit mit zur Rationalität. Es wäre aber wiederum irrational, wegen dieser subjektiven Faktoren die Rechnung gar nicht erst aufzumachen.

Zunächst ist zu klären, worin die Alternative überhaupt besteht. Sie besteht in dem Verzicht des Westens auf atomare Abschreckung, d. h. auf Abschreckung gegenüber einem konventionellen Angriff, anders formuliert: in einem Verzicht auf den Ersteinsatz von Atomwaffen, wobei dieser Verzicht, um glaubhaft zu wirken, natürlich nicht nur in einer Erklärung bestehen dürfte, sondern in einer entsprechenden Veränderung des militärischen Aufbaus, insbesondere also in einem Abbau sämtlicher Kurzstreckenatomraketen. Das ist der aufsehenerregende Vorschlag, den die vier bedeutenden amerikanischen Politiker McGeorge Bundy, George Kennan, Robert McNamara und Gerard Smith im vorigen Jahr in einem Aufsatz gemacht haben, der gleichzeitig in ›Foreign Affairs‹ und im ›Europa-Archiv‹ erschien.[7] Dieser Vorschlag kann natürlich eine wirkliche Alternative nur bedeuten, wenn der Osten dasselbe tut. Den verbalen Verzicht auf Ersteinsatz hat aber die Sowjetunion bereits ausgesprochen, und die Bereitschaft zu einer Vernichtung sämtlicher Kurz- und Mittelstreckenraketen hat Andropow am 27. August in einem Prawda-Interview erneut angeboten, und man könnte ihn also beim Wort nehmen. Schließlich hat die Drohung, auf einen konventionellen Angriff mit einem atomaren Gegenschlag zu antworten, von Anfang an und immer nur zur westlichen, nie zur östlichen Strategie gehört. Würde der Vorschlag der vier Amerikaner realisiert, so hieße das, daß beide Supermächte nur noch Interkontinentalwaffen behielten, die lediglich noch den Sinn hätten, sich gegenseitig zu neutralisieren. Damit wäre die Gefahr einer atomaren Katastrophe nicht ausgeschaltet, aber ihre Wahrscheinlichkeit drastisch reduziert, und das genügt für unsere jetzige Überlegung.«

[7] *Europa-Archiv* 1982, S. 183 ff.

»Gewiß«, ruft Rudolf, »aber nun wollen wir doch sehen, was wir uns damit einhandeln! Der Aufsatz der vier Amerikaner wurde in einem Artikel von vier Deutschen, nämlich Karl Kaiser, Georg Leber, Mertes und dem General Schulze in der nächsten Nummer derselben Zeitschriften beantwortet.[8] Du solltest ihn lesen, denn er ist vorzüglich, und hier wirst Du nicht die übliche Begründung für die Doktrin der atomaren Abschreckung finden, daß sie nämlich billiger sei; ich stimme Dir darin zu, daß dieses Argument, das die Drohung mit dem Massenmord mit Kostengesichtspunkten begründet, von unbegreiflicher Frivolität ist. Nein, die Begründung lautet hier so, daß wir doch auch einen konventionellen Krieg vermeiden müssen und das nur durch die atomare Abschreckung erreichen können. Es sei, so führen die Autoren aus, das unkalkulierbare Risiko, das in der Androhung der flexiblen atomaren Erwiderung liegt, das den Frieden sichert.«

»Ich vermag«, so antworte ich, »dieses Argument nicht so stark zu finden wie Du. Eine Zeitlang mag die Drohung mit der atomaren Eskalation zur Kriegsverhütung beigetragen haben, obwohl auch das nicht nachweisbar ist. Bei der heutigen technischen Entwicklung, die einen begrenzten Atomkrieg denkbar gemacht hat, scheint mir sogar die genau entgegengesetzte Argumentation plausibler, daß nämlich die Wahrscheinlichkeit eines Kriegsausbruchs mit Atomwaffen in Europa heute höher ist als sie es ohne wäre. Aber selbst wenn wir von dieser neuesten Entwicklung absehen, wird die Doktrin der flexiblen Erwiderung heute zunehmend als eine Täuschung angesehen, weil die Selbstabschreckung genauso groß ist wie die Abschreckung des anderen. Wir haben schon vorhin gesehen, daß eine Drohung nicht längerfristig aufrechterhalten werden kann, ohne daß damit gerechnet werden muß, daß das angedrohte Ereignis auch eintritt. Ich bin also der Auffassung, daß die

8 *Europa-Archiv* 1982, S. 357 ff.

Drohung mit dem Atomkrieg, die wenigstens verständlich war, als die eine Seite ein Monopol dieser Waffen hatte, verständlich, wenn auch menschenverachtend, nicht mehr rational ist.

Wenn Du jedoch im Gegensatz zu mir glaubst, daß die vier deutschen Autoren doch soweit recht haben, daß der Ausbruch eines europäischen Krieges jedenfalls wahrscheinlicher wird, wenn der Westen nicht mit dem Ersteinsatz von Atomwaffen droht, dann muß sich für Dich die Frage stellen, ob Du zwischen den zwei Möglichkeiten diejenige Alternative vorziehst, deren Wahrscheinlichkeit geringer ist, die aber das äußerste denkbare Übel darstellt, oder die andere, deren Wahrscheinlichkeit nach Deiner Meinung größer ist und die zwar auch ein sehr großes, aber begrenztes Übel darstellt. Du mußt dann bei der Wahrscheinlichkeit zwischen zwei Zahlen wählen, die beide zwischen 0 und 1 liegen, beim Ausmaß des Übels aber zwischen einer endlichen Größe und einer quasi unendlichen Größe, denn bei dem Atomkrieg ist zwar die Möglichkeit gegeben, daß er begrenzt bleibt, aber ebenso die Wahrscheinlichkeit, daß er das Ende der Gattung und das Ende des Lebens überhaupt bedeutet, also in diesem Sinn für uns eine nicht mehr endliche, begrenzte Größe darstellt.

Wenn man, wie ich, annimmt, daß die Wahrscheinlichkeit des Krieges durch den Verzicht auf Ersteinsatz von Atomwaffen sogar geringer wird, ergibt sich die Option für den Nuklearpazifismus von selbst. Er beruht dann aber auf dieser empirischen Annahme hinsichtlich der Wahrscheinlichkeiten. Für den Nuklearpazifisten charakteristisch ist es, daß er auch dann, wenn man, wie Du, annimmt, daß die Wahrscheinlichkeit des Krieges ohne Atomdrohung größer wäre und ganz egal wieviel größer, gegen die Drohung mit dem Atomkrieg plädiert, weil er die Möglichkeit des größtdenkbaren Übels unbedingt ausschließen will.«

Diese Position, die, wie wir anfangs gesehen haben, zu der von mir vorgeschlagenen Definition der Friedensbewegung gehört, ist noch nicht angemessen dargestellt, solange die Alternative nur lautet: konventioneller Krieg. Um zu der letztlich entscheidenden Differenz zwischen Rudolf und mir vorzudringen, ist ein weiterer Schritt erforderlich. Die Notwendigkeit und die Art des konventionellen Krieges müssen ihrerseits in Frage gestellt werden. Die Option gegen jede Bereitschaft zum kriegerischen Handeln schließe ich hier aus. Das wäre die Position des radikalen Pazifismus, und auf die ist die Friedensbewegung, wie schon gesagt, nicht im ganzen festgelegt. Die Zwischenposition der Friedensbewegung zwischen Nuklearpazifismus und radikalem Pazifismus läßt sich nicht exakt bestimmen, weil es da natürlich die verschiedensten Schattierungen gibt. Ich kann also hier nur eine mögliche, meine eigene Position vertreten. Sie läßt sich in zwei Punkten zusammenfassen: 1. den politischen Mitteln – allen nur denkbaren vertrauensbildenden Maßnahmen – wird vor den militärischen eindeutige Priorität eingeräumt; 2. es wird nicht nur nicht atomar, sondern überhaupt nicht militärisch gedroht: der Westen schließt den Ersteinsatz von Waffen und die Möglichkeit eines offensiv geführten Krieges nicht nur wie bisher mit Worten aus, sondern durch die Art der Strategie und der Waffen, also: strikt defensive Verteidigung. Die bisher ausgearbeitetste Konzeption dieser Art findet sich in Horst Afheldts Buch *Verteidigung und Frieden* (1976). Man braucht Afheldts Konzeption nicht im einzelnen zu übernehmen; worauf es ankommt, ist, überhaupt erst einmal zu sehen, daß hier die eigentliche und zwar durchaus realistische Alternative liegt. Daß sie so weitgehend in der öffentlichen Diskussion ausgeblendet wird, ist irrational. Auch hier besteht die Irrationalität darin, daß man in veralteten Denkschemata befangen bleibt, die oberflächlich plausibel erscheinen, sich aber auf die Besonderheit der militärischen

Situation, die durch die neueste Waffentechnologie bestimmt ist, gar nicht einlassen. Man begründet die Notwendigkeit von Atomwaffen und speziell Neutronenwaffen mit der großen sowjetischen Überlegenheit an Panzern; dabei scheint es geradezu ein Gemeinplatz der neuesten militärtechnischen Literatur zu sein, daß die moderne Technik der präzisionsgelenkten Munition große Panzerarmeen obsolet gemacht hat.[9]

»Laß uns aber«, wird Rudolf jetzt sagen, »den für Dich ungünstigsten Fall ins Auge fassen, damit wir die zugrundeliegenden Wertungen klären können. Nimm also an, dieses rein defensive Konzept führt nicht zum Erfolg; nimm an, wie Du mir am Anfang zugestanden hast, der Osten hat und behält ausgesprochen aggressive Absichten gegen Westeuropa, es gibt keinen Atomschirm, die Sowjets lassen sich nicht von der konventionellen und gegebenenfalls rein defensiven Verteidigung des Westens abschrecken und die Verteidigung bricht auch wirklich zusammen.«

»Dieses Risiko«, antworte ich, »muß ich in Kauf nehmen. Mit einem Risiko ist jede Konzeption belastet, und die Unehrlichkeit der üblichen Argumentationen besteht darin, daß sie diese Risiken nicht explizit machen. Die Frage ist, welche Risiken eher erträglich und eher zu verantworten sind.«

»Darin stimme ich Dir zu«, sagt Rudolf. Wir werden uns rasch darüber einig, daß sowohl die Friedensbewegung wie ihre Gegner ihre Standpunkte hinsichtlich ihrer letzten Wertsetzungen meist unklar, ohne sich letzte Rechenschaft zu geben, d. h. nicht rational darstellen. Beide sind dann unehrlich und demagogisch, wenn sie nur die positive Seite ihrer Position beschwören. Wenn Alois Mertes, stellvertre-

---

[9] Vgl. z. B. Paul F. Walker, »Wirksame Verteidigung mit intelligenten Abwehrwaffen«, in: *Spektrum der Wissenschaft,* 10/1981, abgedruckt in: U. Albrecht (Hrsg.), *Rüstung und Abrüstung, Spektrum der Wissenschaft,* 1983, S. 100ff.

tend für viele, schreibt, daß »Frieden und Freiheit ... gleichrangige ethische Höchstwerte sind«[10], so klingt das natürlich sehr schön, ist aber logisch unhaltbar. Die Realität ist häßlicher, als es die Festredner in beiden Lagern wahrhaben wollen. Wir müssen wählen, ob wir im Konfliktfall der Vermeidung des atomaren Krieges oder der Erhaltung unseres politischen Systems den Vorrang geben wollen. Die Position von Mertes lautet, ohne Beschönigung: um unser politisches System zu erhalten, riskieren wir den Atomkrieg (und das heißt: der Frieden ist nicht gleichrangig, sondern steht an zweiter Stelle). Und die nuklearpazifistische Position lautet, ohne Beschönigung: wenn wir unser politisches System nur mit der Drohung, d. h. mit der Inkaufnahme des Atomkriegs erhalten können, müssen wir seinen Untergang riskieren. In beiden Fällen handelt es sich, das muß deutlich unterstrichen werden, nur um Risiken, aber gerade auf die Risiken kommt es letztlich an. Welches Risiko ist größer? Das ist hier die einzige Frage. Über den Vergleich der Wahrscheinlichkeiten kann man verschiedener Meinung sein, über den Vergleich der Übel eigentlich nicht. Oder doch?

Zwar reden viele so, als ob der Verlust unseres politischen Systems ein mit dem Atomkrieg vergleichbares Übel ist, aber ich vermag in solchen Reden nur Unernsthaftigkeit und einen merkwürdigen Mangel an Phantasie zu erkennen. Es ist auch eine falsche Unterstellung, daß die entgegengesetzte Position mit der Devise »lieber rot als tot« zu umschreiben ist. Denn das Wort »tot« ist hier unpassend. Es bezieht sich auf einzelne. Der Untergang des Ganzen ist aber etwas anderes als der Tod vieler einzelner. Auch wer bereit ist, das eigene politische System, dessen relative Vorzüge er sehr wohl kennt, mit der Waffe zu verteidigen, ist

---

10 A. Mertes, »Sicherheitspolitik für die 80er Jahre«, in: D. Lutz (Hrsg.), *Sicherheitspolitik am Scheideweg?*, Schriftenreihe der Bundeszentrale für politische Bildung, Bonn 1982, S. 71 ff.

gegebenenfalls nicht bereit, dafür die Existenz der Welt zu riskieren. Es war seit eh und je der Sinn der Maxime »dulce et decorum est pro patria mori«, daß es für den einzelnen, weil er sich wesentlich als Teil eines Ganzen versteht, sinnvoll ist, sich für die Erhaltung der Integrität des Ganzen zu opfern. Aber für welches Ganze opfern wir uns in einem Atomkrieg? In einem Atomkrieg opfert *sich* keiner mehr *für* das Ganze, sondern das Ganze würde *von uns* geopfert. Die unbedingte Absage an den Atomkrieg entstammt gerade nicht, wie ihr immer wieder fälschlich unterstellt wird, der Präokkupation um das eigene bloße Überleben. Ich habe im Gegenteil die Beobachtung gemacht, daß es in erster Linie die extrem individualistisch orientierten Personen sind, die den Atomkrieg nicht so sehr fürchten, weil für sie die Vernichtung des Ganzen lediglich eine Form des eigenen individuellen Todes ist, der nur quantitativ millionenfach vervielfältigt wäre. Für diejenigen hingegen, die sich primär aus einer sie transzendierenden Ganzheit verstehen (und für Menschen ist das eigentlich konstitutiv), besteht das qualitativ Neuartige und Einzigartige am Atomkrieg in der Vernichtung des Ganzen selbst, und zwar des universalen Ganzen, das alle partikularen Ganzheiten räumlich und zeitlich umfaßt.

Demgegenüber sind alle politischen Risiken – und es sind in meinen Augen sehr unwahrscheinliche Risiken – bis hin zu dem extremen Fall einer sowjetischen Bemächtigung ganz Europas oder der ganzen Erde, Übel von einer – wenn man sich nichts vormacht – nicht vergleichbaren Dimension. Die Drohung mit dem Atomkrieg, deren Perversität die meisten von uns über die Jahrzehnte durch schiere Gewöhnung vergessen haben, impliziert einen bei Lichte besehen geradezu phantastischen atlantischen Ethnozentrismus. Wenn wir bedenken, wieviele Länder heute ohnehin vom sowjetischen System beherrscht sind (und wir akzeptieren das), in wie vielen anderen Ländern, die im Zusammenhang unseres eigenen westlichen Systems stehen, Terror und Folter herrscht (und wir nehmen das hin, fördern es indirekt sogar), ferner in wie großen Teilen der Erde Millionen Menschen jährlich Hungers sterben, was sie nicht müßten ohne unser Rüsten (und wir nehmen auch das hin), sollen wir es vorziehen, auf die bloße und bei ruhigem Blick entfernte Möglichkeit hin, daß auch uns ein Schicksal drohen könnte, das von den eben aufgezählten nicht einmal das schlimmste wäre, mit dem Untergang nicht nur unserer Gegner und nicht nur von uns selbst, sondern von *allen* zu drohen? Ebenso grotesk erscheint dieses Konzept in der zeitlichen Dimension. Wer weiß denn, wie sich die Welt, wenn sie einmal unter einer einzigen, und sei es totalitären Hegemonialmacht steht, weiter entwickeln wird? Wie könnt ihr euch anmaßen, das zu antizipieren und zu sagen, dann soll die Welt lieber ein für allemal aufhören zu existieren?

»Nun will ich Dir eine letzte Frage stellen«, sagt Rudolf, »um zu sehen, wie prinzipiell Du es meinst. Nimm an, es sind nicht die Sowjets, sondern die Nazis, wie sähe es dann für Dich aus?«

»Du weißt, Rudolf, daß ich alles Erdenkliche tun würde, was in Grenzen bliebe, töten und das eigene Leben riskieren, aber das Grenzenlose müßte auch dann bedingungslos vermieden werden. Versuche Dir doch auch hier die Situation konkret vorzustellen. Ich sehe jetzt sogar davon ab, daß der Atomkrieg das Ende der ganzen Gattung bedeuten kann. Denke ihn Dir begrenzt. Und nun denke an das Schlimmste, was wir mit den Nazis verbinden. Denke Dir, es wäre jetzt so in Osteuropa. Nach wie vor würden Menschen in Städten und Dörfern zusammengetrieben und erschossen. Nach wie vor gäbe es Gaskammern. Und nun – eine Befreiung durch Androhung und gegebenenfalls Realisierung des Atomkriegs? Bedenke doch, daß bei dem jetzt bevorstehenden Holocaust diejenigen von uns, die nicht sofort tot sind, diejenigen, die noch Waffen haben sollten, von sich aus bitten würden, sie und ihre Kinder zu erschießen, und daß wir, sollte es noch Gaskammern geben, freiwillig an ihren Toren Schlange stehen würden.«

(*1983*)

Die Bundesrepublik ist ein fremdenfeindliches Land geworden

*Rede in Bergen-Belsen
gegen die Abschiebung von Yezidi*

Ich spreche hier als Jude, als Angehöriger des Volkes, das in besonders furchtbarer Weise unter der Verfolgung der Nazis zu leiden hatte, die schließlich in der Vernichtung in den Konzentrationslagern endete; eines davon war Bergen-Belsen.

Meiner Familie ist es damals geglückt, sich rechtzeitig in Sicherheit zu bringen, und so gehöre ich zu den Überlebenden. Ich habe aber als acht- bis elfjähriges Kind das erlebt, was die Yezidi jetzt erleben, die Angst, nirgends aufgenommen zu werden. Diese Angst, das weiß ich aus eigenem Erleben, ist Todesangst. Die erste Station in der Emigration meiner Familie war die Schweiz. Daß wir aus der Schweiz nicht wieder abgeschoben wurden, verdankten wir nur dem Zufall, daß mein Vater einen Beruf hatte, der damals in der Schweiz gebraucht wurde. Aber viele andere Juden wurden von den Schweizer Behörden mitleidlos nach Deutschland zurückgeschickt, und das aus genau denselben egoistischen Motiven, mit denen die Yezidi und so viele andere heute aus der Bundesrepublik abgeschoben werden.

Die Bundesrepublik ist heute wieder ein fremdenfeindliches Land geworden, und das zeigt, wie wenig sich die Grundhaltung im deutschen Volk seit der Nazizeit geändert hat. Unmittelbar nach dem Krieg hatten hier viele den aufrichtigen Willen, ein anderes Deutschland aufzubauen. So kam es auch zu dem Artikel unserer Verfassung, der allen politisch Verfolgten bedingungslos Asyl garantiert. Inzwischen ist dieser Artikel nur noch ein Fetzen Papier. Der Großteil der deutschen Behörden und der deutschen Gerichte tut alles, um diesen Artikel vollständig auszuhöhlen, und damit stellen sie sich – man muß das beim Namen nennen – in die Tradition der nazistischen Geisteshaltung zurück. Nicht daß sie die Verfassung verletzen, ist das eigentlich Schlimme, sondern die Unmenschlichkeit. Es ist eine traurige deutsche Tradition, daß man glaubt, daß die Rechtsordnung als solche heilig ist, und so ist man bereit, wenn nur entsprechende Gerichtsurteile vorliegen, auf dieser Grundlage die größten Ungeheuerlichkeiten zu begehen. Ist es nicht traurig, daß man so etwas ausdrücklich sagen muß, daß es keine heiligen Paragraphen gibt und keine heiligen Gerichtsurteile, sondern daß das einzige, was uns heilig sein sollte, das menschliche Leben und die menschliche Integrität ist?

Man hat viel darüber nachgedacht, ob diejenigen, die die Judenmorde aus ihren Bürostuben heraus veranlaßt haben, nicht schuldiger waren als diejenigen, die die Morde ausgeführt haben. Aber trifft die Schweizer Behörden, die wußten, daß sie die Juden in den sicheren Tod schicken, nicht ebenfalls eine furchtbare Schuld? Wenn das aber so ist, wie steht es dann mit der Schuld der deutschen Behörden, die die Yezidi und andere, die bei uns Zuflucht gesucht haben, wieder ausweisen, und wie steht es dann mit der Schuld von uns allen, die es zulassen, daß in unserer aller Namen so unmenschlich gehandelt wird? Das Innenministerium hat diese Kundgebung direkt vor dem Konzentrationslager mit dem Argument verbieten wollen, die Ruhe der Toten und der Gedenkstätte werde dadurch gestört. Aber wenn die Toten hier noch hören könnten, ihre Ruhe wäre durch nichts gründlicher gestört worden als durch dieses schamlose Argument. Eine Gedenkstätte, die nicht zugleich Mahnstätte ist, verlöre ihren Sinn. Wenn das Gedenken an das Grauenhafte, das hier geschehen ist, uns selbst nicht zu ändern vermag, wenn es nicht dazu führt, daß wir alles tun, um Wiederholungen zu vermeiden, dann haben die, die hier gelitten haben, umsonst gelitten. Nein, diese Kundgebung könnte an keinem angemesseneren Ort stattfinden als hier.

Der Vorwurf, daß die Erinnerung an die Ermordung der Verfolgten des Naziregimes durch die jetzige Kundgebung mißbraucht wird, ist scheinheilig. Wo immer Menschen verfolgt werden, handelt es sich um ein und dasselbe. Verfolgung ist Verfolgung, und der Massenmord ist nur die konsequente Endstation jeder Diskriminierung, das hat sich nicht nur bei der Verfolgung der Juden und der Zigeuner im 3. Reich gezeigt, sondern ebenso beim Völkermord an den Armeniern in der Türkei. Wann dort die letzten Yezidi umgebracht werden, ist vermutlich nur noch eine Frage der Zeit.

Der Versuch, den Massenmord an den Juden als etwas absolut Einzigartiges hinzustellen, kann nur die Funktion haben, aus dem, was geschehen ist, nichts für die Zukunft und für die Gegenwart lernen zu müssen. Er hat die Funktion, sich gegen die durchaus vergleichbaren Probleme, die uns heute umgeben, abzuschotten. Es ist nicht mehr fein in Deutschland, Antisemit zu sein, aber es ist auch leicht, kein Antisemit mehr zu sein, weil es so gut wie keine Juden mehr gibt. Die Ächtung des Antisemitismus ist das Alibi dafür, daß man seinem Fremdenhaß und seiner Menschenverachtung freien Lauf geben kann.

Es mag sein, daß es sogar Juden geben wird, möglicherweise sogar offizielle Vertreter der jüdischen Gemeinde, die diese Kundgebung als Mißbrauch dieser Gedenkstätten ansehen werden. Ich hoffe zwar, daß das nicht der Fall sein wird, denn das Pochen auf die Besonderheit des jüdischen Schicksals, wie es immer wieder auch aus Israel zu hören ist, entspricht nicht der wahren jüdischen Tradition. Die wahre jüdische Tradition kommt in einer Geschichte zum Ausdruck, mit der ich schließen möchte:

»*Ein alter Rabbi fragte einst seine Schüler, wie man die*

Stunde bestimmt, in der die Nacht endet und der Tag beginnt. Ist es, wenn man von weitem einen Hund von einem Schaf unterscheiden kann, fragte einer der Schüler. Nein, sagte der Rabbi. Ist es, wenn man von weitem einen Dattel- von einem Feigenbaum unterscheiden kann, fragte ein anderer. Nein, sagte der Rabbi. Aber wann ist es denn, fragten die Schüler. Es ist dann, wenn du in das Gesicht irgendeines Menschen blicken kannst und deine Schwester oder deinen Bruder siehst. Bis dahin ist die Nacht noch bei uns.«

Bergen-Belsen, 18. Mai 1984

Asyl: Gnade oder Menschenrecht?

Selten ist eine politische Auseinandersetzung so niveaulos und mit so großer bewußter oder unbewußter Irreführung der Öffentlichkeit geführt worden, selten war eine politische Auseinandersetzung Ausdruck eines so vollständigen moralischen Bankrotts, wie die, die es in den letzten Monaten in unserem Land über das Asylrecht gibt. Es bleibt daher, wenn man hier überhaupt wieder Boden gewinnen will, nichts anderes übrig, als von den Fundamenten auszugehen.

Zu diesem Zweck darf man wohl die Annahme machen, daß die meisten Menschen etwas haben, was man etwas altertümlich als moralisches Gewissen bezeichnen kann. Der Kern von Moral ist das, was man als die Goldene Regel bezeichnet hat, jene uralte Regel, die es in vielen Kulturen gibt und die der Volksmund auf die Formel gebracht hat: was du nicht willst, das man dir tu, das füg auch keinem anderen zu. Positiv gewendet heißt das: verhalte dich zu deinen Mitmenschen so, wie du willst, daß sie sich zu dir verhalten. Daraus ergeben sich eine Reihe Gebote, denen spiegelbildlich Rechte entsprechen. Die fundamentalste dieser Verpflichtungen ist, die Mitmenschen in ihrer Menschenwürde zu achten und, d. h. negativ formuliert, sie nicht zu demütigen. Schon und gerade diese fundamentalste Norm ergibt sich unmittelbar aus der Goldenen Regel selbst: denn jeder von uns möchte in seinem Selbstwertgefühl ernst genommen, als Mensch geachtet werden. Daß wir Menschen in diesem Sinn achten, heißt einfach, daß wir sie überhaupt als Subjekte moralischer Rechte respektieren, und deswegen lassen sich alle anderen moralischen Normen aus dieser Grundnorm herleiten.

Wenn ich also sagte, daß die meisten Menschen wohl ein

moralisches Gewissen haben, so meinte ich damit, daß sie ein Bewußtsein davon haben, daß sie andere Menschen nicht demütigen dürfen. Wer diese Norm bewußt verletzt, ist entweder ein Monstrum – und d. h.: er hat kein moralisches Gewissen – oder aber er verletzt sich dabei selbst in seinem innersten Kern, denn so eng ist das Bewußtsein der eigenen Menschenwürde mit der Achtung der Menschenwürde der anderen verbunden, daß wir, wenn wir andere mißachten, auch uns selbst nicht mehr achten können.

Weil es also so gefährlich für unsere eigene Selbstachtung ist, andere bewußt zu verletzen und weil wir doch andererseits so starke Motive haben, uns über die Interessen und die Würde unserer Mitmenschen hinwegzusetzen, Motive der Macht, der Selbstsucht, des Gruppenegoismus, aber auch einfach der Bequemlichkeit, deswegen gelingt es den meisten von uns, das moralische Bewußtsein, das wir haben, mehr oder weniger ins Unbewußte abzuschieben, es zu verdrängen. Wir werden zu Monstern, aber merken es nicht. Es sollte der Sinn jedes moralischen, aber auch politischen Diskurses sein, uns gegenseitig dabei zu helfen, diesem Prozeß der Einschläferung unseres moralischen Gewissens, und d. h. unserer Selbstachtung, entgegenzusteuern.

Auch des politischen Diskurses? Was hat Politik mit Moral zu tun? Oft sehr wenig, aber an sich sehr viel. Je größer die Machtkonzentrationen werden, die ökonomischen und die politischen, desto ohnmächtiger sind wir als Individuen, uns selbst und andere gegen diese Mächte auf individueller Basis zu schützen. Der Staat, der das Gewaltmonopol hat, ist die größte dieser Machtkonzentrationen; von ihm müssen wir daher fordern, daß er sowohl seine eigene Macht wie die Macht der ökonomischen Instanzen zugunsten der Rechte der Individuen einschränkt. Ein Staat ist nur dann legitim, wenn all sein Handeln auf das Wohl und die Menschenwürde der Menschen, die auf seinem Territorium leben, ausgerichtet ist, und zwar aller gleichermaßen.

Aber das ist natürlich nicht nur eine Angelegenheit des Staates als solchem, sondern der Staat ist in einer Demokratie so gut und so schlecht wie die Mehrheit seiner Bürger, und d. h.: die Frage, ob wir uns selbst als moralische Wesen verhalten oder als Monstren, zeigt sich nicht nur in unserem individuellen Umgang, sondern vor allem daran, ob wir vom Staat verlangen, daß er sich moralisch verhält oder ob wir von ihm verlangen oder auch nur zulassen, daß er sich als Monstrum verhält.

Es sind nun diese moralischen Rechte, die die Individuen gegenüber dem Staat haben, die wir als Menschenrechte bezeichnen: Diejenigen Menschenrechte, die ein Staat in seiner Verfassung ausdrücklich aufführt, bilden die von ihm auch juristisch als bindend anerkannten Grundrechte. Die Grundlage auch dieser Grundrechte im juristischen Sinn ist die Achtung vor der Menschenwürde. Deshalb beginnt die Verfassung der Bundesrepublik sehr richtig in ihrem 1. Artikel mit dem Satz »Die Würde des Menschen ist unantastbar«. Was aber die einzelnen Grundrechte betrifft, die sich aus diesem Grundrechtsprinzip ergeben, so hat es seit den ersten Grundrechtskatalogen, die im Zusammenhang der amerikanischen Unabhängigkeitserklärung und der französischen Revolution erstellt wurden, einen historischen Prozeß gegeben. Es wäre jedoch irrig, daraus zu folgern, daß diese Menschenrechte historisch relativ sind. Nur ihre jeweilige Entdeckung war historisch bedingt, abhängig von konkreten Erfahrungen, die die Menschen auf bestimmte Übel und bestimmte Auswirkungen von staatlicher und nichtstaatlicher Macht aufmerksam gemacht hat. Aber das Merkwürdige ist, daß wenn man einmal auf ein Grundrecht, das bislang nicht anerkannt worden war, aufmerksam geworden ist, es nicht mehr rückgängig zu machen ist. Ein Beispiel aus unserer Zeit ist die Gleichberechtigung der Frauen. Dieses Recht kann jetzt nicht mehr angefochten werden, es scheint ein für allemal anerkannt, wenigstens auf dem Papier. In einem anderen historischen Anerkennungsprozeß von Rechten stecken wir heute mitten drin. Die klassischen Menschenrechte waren allesamt sogenannte Freiheitsrechte wie das Recht auf Unversehrtheit und das Recht auf freie Meinungsäußerung, und die Verfassungen der westlichen Demokratien beschränken sich auf diese Freiheitsrechte. Hier waren historische und wirtschaftliche Vorurteile im Spiel. Die Erfahrung von sozialem Elend gab es schon damals, aber diejenigen, die politisch repräsentativ waren, konnten es sich noch leisten, sich dafür blind zu machen. In der Universalen Erklärung der Menschenrechte der Vereinten Nationen von 1948 sind dann aber auf Druck der kommunistischen Länder, aber auch der Länder der Dritten Welt, die sogenannten sozialen Rechte – wie das Recht auf einen menschenwürdigen Lebensunterhalt und das Recht auf Arbeit – als gleichrangig mit den Freiheitsrechten anerkannt worden, und die Zahl auch westlicher Rechtsgelehrter und Philosophen, die das als wohlbegründet anerkennen, nimmt zu.[1] Und es sollte heute leicht sein zu sehen, daß Menschen, die von Ressourcen zur Lebenserhaltung durch ökonomische Mächte ausgeschlossen werden und verhungern, oder Menschen, die behindert zur Welt kommen und nicht unterstützt werden, in ihrer Menschenwürde nicht anerkannt werden.

Daß auch das Recht auf Asyl ein Grundrecht ist und nicht der Gnade des aufnehmenden Staates anheimgestellt sein kann, setzt sich heute ebenfalls nur langsam durch. Auch dieser Prozeß beruht auf historischen Erfahrungen. Die Millionen Flüchtlinge, die es nach dem Ende des 2. Weltkrieges gab, waren mit ein Anlaß dafür, daß das Asylrecht in die Erklärung der Menschenrechte der Vereinten Nationen,

---

[1] Vgl. Paul Sieghart, *The Lawful Rights of Mankind*, Oxford 1985, und Susan Moller Okin, »Liberty and Welfare: Some Issues in Human Rights Theory«, in: J. R. Pennoch und J. W. Chapman (Hrsg.), *Human Rights* (Nomos 23).

die freilich deklamatorisch blieb, Eingang fand, und die besonderen Erfahrungen, die in Deutschland in der Nazizeit mit politischer und rassischer Verfolgung gemacht wurden, führten dazu, daß wir den Art. 16 in unserer Verfassung haben, der den Satz enthält: »Politisch Verfolgte genießen Asyl«. Es ist eine Verleumdung des Parlamentarischen Rats, wenn ihm heute häufig unterstellt wird, er wußte nicht, was er tat und er habe nicht voraussehen können, wieviel Flüchtlinge es einst geben würde, denn es gab damals nicht weniger, und der Unterschied ist nur, daß sie damals nicht aus der Dritten Welt kamen. Wenn der Parlamentarische Rat etwas nicht voraussehen konnte, dann war es das Ausmaß von Chauvinismus, Rassismus und Bequemlichkeit, das sich nach der kurzen Zeit, in der man gelobte, daß bestimmte Dinge hier nie wieder möglich sein würden, ausgebreitet hat. Die fehlende Sensibilität heute gegenüber dem Schicksal von Flüchtlingen muß erstaunen bei einer Bevölkerung, von der der fünfte Teil – 10 Millionen – das Schicksal von Flucht selbst erlitten hat – ein Zeichen mehr, wie sehr alles, was in jener Zeit erlebt wurde, verdrängt wird.

Daß das Asylrecht international auch heute nur langsam Anerkennung findet, hängt damit zusammen, daß die klassische Konzeption der Grundrechte mit der Vorstellung verbunden war, daß der Staat moralische Pflichten nur gegenüber seinen eigenen Bürgern, also nur nach innen, nicht nach außen habe – eine Vorstellung, die angesichts der zunehmenden internationalen Interdependenzen heute veraltet erscheinen muß. Der amerikanische Rechtsphilosoph Bruce Ackerman hat kürzlich zu bedenken gegeben, daß der Staat nicht wie ein privater Klub aufzufassen sei und daß er kein Recht habe, Ausländern zu verbieten einzuwandern: der bloße Umstand, schon früher dagewesen zu sein, sei ebensowenig wie die Zugehörigkeit zu einer bestimmten Rasse oder Nation ein moralischer Grund, anderen Zugang und Teilhabe zu verweigern.[2] Heute wird hierzulande häufig erklärt, die Bundesrepublik sei kein Einwanderungsland. Wenn Ackermans Argument stimmt, hätte kein Land das Recht, von sich zu erklären, es sei kein Einwanderungsland.

Nun geht das Recht auf Asyl sehr viel weniger weit als das Recht auf Einwanderung, denn es gilt nur für politisch Verfolgte. Daß dieses Recht wirklich ein moralisches Grundrecht ist und daß es nur historischer Anstöße bedurfte, um darauf aufmerksam zu werden, kann man sich leicht mit Hilfe der Goldenen Regel klar machen. Man braucht sich nur in die Rolle des politischen Flüchtlings zu versetzen und erkennt sofort, daß man in diesem Fall nicht nur Einlaß finden wollen würde, sondern daß man es als einen Hohn auf die eigene Menschenwürde ansehen müßte, abgewiesen zu werden. Weil viele Mitglieder des parlamentarischen Rats ein solches Schicksal selbst erlitten haben, erschien ihnen die Notwendigkeit des Asylrechts so evident. Der Zweifler könnte nun sagen: aber da die überragende Mehrheit derer, die heute hier leben, politische Flucht weder erlebt haben noch befürchten, sind sie ihrerseits berechtigt, dieses Recht abzulehnen. Aber das wäre ein Mißverständnis der Goldenen Regel. Die Moral ist nicht ein Versicherungsvertrag. Die Menschenrechte kommen immer den Minderheiten, den Schwächeren oder den politisch Unbequemen zugute, und daher ist es so leicht für diejenigen, die die Macht haben oder zur schweigenden Mehrheit gehören, die Menschenrechte geringzuschätzen. Deswegen ist der Status aller Menschenrechte prekär, aber daran, wie wir uns zu dem Menschenrecht verhalten, das heute noch das ungewohnteste ist, obwohl in der Sache nicht weniger fundiert, zeigt sich, was uns die Menschenrechte insgesamt wert sind.

Weil alle, die je Verfassungen gemacht haben, von diesem prekären Status der Menschenrechte wußten, haben sie es

---

[2] Bruce Ackerman, *Social Justice in the Liberal State,* Yale University Press 1980, §§ 17 ff.

stets besonders schwer gemacht, diese Artikel der Verfassung zu verändern. Damit komme ich zu der heutigen Diskussion über den Asylrechtsartikel. Diese Diskussion ist aus zwei Gründen grotesk. Erstens deswegen, weil gemäß Art. 19 der Verfassung keines der Grundrechte »in seinem Wesensgehalt angetastet werden darf«. Eine Änderung des Asylrechts kann also gar nicht zur Debatte stehen – sie ist verfassungsrechtlich unmöglich. Wie ist es dann zu verstehen, daß alle so tun, als ob doch eine solche Änderung möglich wäre, die einen, indem sie eine solche Änderung verlangen, die anderen, indem sie sie ablehnen? Die Antwort kann nur lauten: beiden geht es nicht um die Sache, sondern nur um die Schau: CDU und CSU wollen sich als die zeigen, die alles tun, um das deutsche Volk vor etwas zu bewahren, das sie wie einen Heuschreckenschwarm darstellen; FDP und SPD wollen sich als diejenigen in Szene setzen, die die Verfassung verteidigen. Die zweite Absurdität besteht darin, daß es hier gar nichts mehr zu verteidigen gibt. Denn das Besondere des Artikels 16 besteht darin, daß er nicht nur, wie es durch die international anerkannte Genfer Konvention ohnehin garantiert ist, verbietet, politisch Verfolgte wieder auszuweisen, wenn sie sich erst einmal – und sei es illegal – auf dem eigenen Territorium befinden, sondern daß er positiv gebietet, sie hereinzulassen. Das aber setzt voraus, daß man die Grenzen offenhält. Die Bundesrepublik hat jedoch ebenso wie alle anderen europäischen Staaten ihre Grenzen dicht gemacht. Der Artikel 16 steht also nur noch auf dem Papier. Besonders grotesk erscheint hier die Position der SPD, denn sie ist innerhalb dieser lächerlichen Diskussion die verlogenste: einerseits brüstet sie sich damit, dazu beigetragen zu haben, die Grenzen zu schließen, andererseits erklärt sie, daß eine Abschaffung des Artikels 16 nicht in Frage komme. Wozu, fragt man sich, brauchen wir denn noch diesen Artikel, es sei denn zur Augenwischerei?

Der eigentlich schwere Mißstand, von dem durch diese mehrfach sinnlose Diskussion abgelenkt werden soll, ist das seit 1982 bestehende zutiefst unmenschliche Asylverfahrensgesetz. Die Familien der Asylbewerber werden aufgrund dieses Gesetzes häufig willkürlich auseinandergerissen, Kinder von ihren Eltern getrennt, Frauen von ihren Männern; sie werden gezwungen, in Internierungslagern (»Gemeinschaftsunterkünften«, wie es euphemistisch heißt), auf kleinstem Raum zusammengepfercht, mit Hunden bewacht, dahinzuvegetieren; sie haben keine Arbeitserlaubnis, reduzierte Sozialhilfe, keinen Anspruch auf Krankenhilfe. In dieser degradierten Situation, zum Nichtstun verdammt, müssen sie oft Jahre auf den Abschluß ihres Anerkennungsverfahrens warten.[3] Hier wird nicht nur ein einzelnes Grundrecht verletzt, hier wird eine ganze Gruppe von Menschen in einem Zustand der weitgehenden Rechtlosigkeit gehalten – als Untermenschen. Solange wir das zulassen, erklären wir unseren Staat zu einem Staat von Monstern, und daß man das nicht offen eingesteht wie in der Zeit der Herrenmenschen, sondern es durch das vermeintliche Eintreten für den Artikel 16 durch schöne Worte verdeckt, macht es nicht besser.

Wenigstens dieser ärgste Mißstand ließe sich leicht abschaffen. Man müßte nur dieses menschenverachtende Asylverfahrensgesetz zurücknehmen. Zugleich wäre das Anerkennungsverfahren umzukehren. Das heißt: denjenigen Flüchtlingen, denen es trotz der geschlossenen Grenzen gelingt, illegal bei uns aufzutauchen, geben wir erst einmal

---

[3] Vgl. die ausführlichen Schilderungen über die Auswirkung dieser Bestimmungen in: Tessa Hoffmann (Hrsg.), *Abgelehnt, Ausgewiesen, Ausgeliefert* (Gesellschaft f. bedrohte Völker, Postfach 20 24, Göttingen). Eine erschütternde Dokumentation der Auswirkung auf die medizinische Versorgung bzw. deren Vorenthaltung findet man in »Abschrecken statt Heilen«, hrsg. von der Ärztegruppe-Asyl, Berlin o. J. (1986). Einen Überblick über die umfangreiche Literatur zum Problem gibt Robin Schneider in *Pogrom* Nr. 122 (1986), 69-70 und auch in *Vorgänge* 1986, Heft 4, 103-109.

eine vorläufige Aufenthaltserlaubnis (so wie Kanada es uns unlängst mit den vor seiner Küste gestrandeten Tamilen vorgeführt hat); sie erhalten zugleich alle normalen Grundrechte: das Recht auf Freizügigkeit, auf freie Wohnungswahl und auf Arbeit. Diese Aufenthaltserlaubnis kann ihnen nachträglich aberkannt werden, wenn sich herausstellt, daß sie die Bedingung des Artikels 16 nicht erfüllen. Nebenbei bemerkt wäre das die einzige Methode, um die von allen Seiten gewünschte Beschleunigung des Anerkennungsverfahrens zu erreichen. Freilich wäre auch damit wenig gewonnen, solange die meisten mit Asyl befaßten Gerichte ihre menschenverachtende Rechtsprechung fortsetzen, indem sie Unrecht für Recht erklären und die Innenminister dazu ermächtigen, die Flüchtlinge, die sie zu Scheinasylanten abstempeln, in Länder auszuweisen, in denen sie Gefängnis, Folter und Tod erwartet.[4] Diese barbarische Rechtsprechung, die »im Namen des Volkes« geschieht, kann sich natürlich nicht ändern, solange das Bewußtsein des Volkes selbst sich nicht ändert. Die Forderung nach der Abschaffung des Asylverfahrensgesetzes wäre das absolute moralische Minimum. Sie bewegt sich lediglich im Rahmen der internationalen Flüchtlingskonvention und klagt nicht den Artikel 16 ein. Die Wiederherstellung des Art. 16 und d.h. die Öffnung der Grenzen wäre die weitergehende Forderung, und dies im Alleingang zu tun: damit wäre unser fremdenfeindliches Land vielleicht wirklich überfordert. Aber sogar diese Forderung wäre noch eine vergleichsweise begrenzte, wenn wir Ackermans These im Auge behalten, daß ein Staat, der Einwanderer – also die sogenannten Wirtschaftsflüchtlinge – nicht einläßt, den Namen eines Rechtsstaates nicht verdient.

Die Herren in Bonn, die junge Menschen als Verfassungsfeinde bezeichneten und aus dem öffentlichen Dienst war-

---

[4] Proben der Rechtsprechung findet man in der Broschüre von »Amnesty International«: *Schutz für politisch Verfolgte*, Februar 1986, 44 ff. und 72 ff.

fen, obwohl diese nur von ihrem Recht auf Meinungsfreiheit Gebrauch machten, müssen sich fragen lassen, als was sie sich denn selbst bezeichnet sehen möchten. Denn sie haben ein in der Verfassung verbrieftes Recht de facto abgeschafft, sie haben außerdem mit ihrem Asylverfahrensgesetz die Grundlage der ganzen Verfassung – die Garantie der Menschenwürde für alle Menschen und nicht nur für alle Deutschen – zumindest ins Wanken gebracht und sie haben Haß gesät. Sie haben unser Rechtssystem und unsere politische Kultur weit hinter 1949 zurückgeworfen. (*1986*)

Gegen die Abschiebung in den Libanon

*Rede auf einer Protestversammlung in der Passionskirche
Berlin am 21. Januar 1987*

Ich glaube, mir ist vor allem der Part zugewiesen gewesen, über die Rechtslage zu sprechen. Ich will mich aber dieser Aufgabe sehr schnell entledigen, um dann etwas anderes zu sagen.

Die Rechtslage ist eindeutig. Der entscheidende Punkt ist nicht, wie viele glauben, der Asylartikel in unserer Verfassung, der lautet: »Politische Verfolgte genießen Asyl«, sondern es ist ein Paragraph, der im Ausländerrecht steht und aus der Genfer Konvention übernommen ist, wonach es nicht gestattet ist, daß Menschen abgeschoben werden in ein Land, in dem sie aus rassischen, religiösen, sozialen oder politischen Gründen verfolgt werden.

Man muß hier den kleinen, wichtigen Unterschied sehen: es wird oft behauptet, ich finde, es ist ziemlich unsinnig, aber es wird oft behauptet, daß jemand nicht als politisch Verfolgter gilt, wenn er nicht vom jeweiligen Staat verfolgt wurde. Wir können bei der Frage der Abschiebung von diesen Finessen absehen. Die Abschiebung soll ausgeschlossen sein, wenn jemand, ganz egal, ob durch den Staat oder durch Gruppen, in dem Land, in das er abgeschoben würde, aus Gruppengründen der vorhin genannten Art verfolgt wird.

Ich möchte Pfarrer Quandt um Entschuldigung bitten, wenn ich zwei Worte, die er verwendet hat, kritisiere: Es handelt sich nicht um Generosität, daß diese Menschen bei uns bleiben, sondern es handelt sich um schlichtes Recht. Auch das Wort Duldung ist falsch, aus genau demselben Grund: Der Staat ist verpflichtet, diese Menschen nicht abzuschieben, und der Umstand, daß deutsche Verwaltungsgerichte das Gegenteil erklären, ändert daran nichts; es ist eben nicht nur Herr Kewenig und seinesgleichen, die jeweiligen Innenminister, die das möglich machen, denn sie könnten es nicht, wenn die Gerichte nicht politisch so korrupt wären, daß sie Unrecht für Recht erklären. Das ist unsere Lage. Wenn ich sage, »Die Rechtslage ist eindeutig«, dann wird mir geantwortet: »Aber die Gerichte sagen doch was anderes.« Deswegen kann man sich bei uns überhaupt nicht mehr auf Recht berufen. Man kann nur noch moralisch argumentieren.

Ich kann an diesem Punkt, wo es sich um eine Abschiebung ausgerechnet von Libanesen handelt, nicht davon absehen, daß ich ein Angehöriger des jüdischen Volkes bin. Libanon ist ein Land mit vielen Gruppen, und wir wissen, daß diese Gruppen friedlich zusammengelebt haben. Man kann hier nicht einfach sagen: »Die Ursache der Probleme sind Gruppenkonflikte«. Es ist schwierig für Deutsche, die nicht Juden sind, das zu sagen, was ich jetzt sagen werde, und es ist auch für mich nicht leicht, es zu sagen. Es ist ja auch vorhin gesagt worden: »Es müssen hier verschiedene Meinungen gesagt werden können«. Und gewisse Dinge können auch von deutscher Seite aus begreiflichen Gründen nicht gesagt werden. Ich riskiere auch, von Ihnen und von anderen mißverstanden zu werden. Ich habe das auch noch nie gesagt. Zunächst einmal ist schlicht festzustellen, daß eine wesentliche Ursache dessen, was heute im Libanon geschieht, der Staat Israel ist.

Der Satz, den ich jetzt sagen werde, fällt mir am schwersten, weil er wahrscheinlich am leichtesten mißdeutbar ist. Ich halte den Zionismus für einen verhängnisvollen Irrweg. Wir Juden hatten nicht das Recht, nur weil wir selbst verfolgt wurden, nach Palästina zu gehen und dort zu versuchen, einen jüdischen Staat zu gründen. Ich möchte damit nicht sozusagen gegen den Staat Israel hetzen. Die Situation ist ungeheuer kompliziert geworden. Der Irrweg, von dem ich spreche, ist ein weit zurückliegender Irrweg in der jüdischen Geschichte, damit aber zugleich in der europäischen Geschichte und das ist die Seite, die nicht nur mich, sondern uns alle und Sie alle als Deutsche betrifft.

Es ist mir wichtig, daß Sie und daß auch die palästinensischen und libanesischen Freunde hier wissen, daß es sehr verschiedene Auffassungen unter uns Juden gibt und daß viele Juden, allerdings zu wenige, sehr früh schon auf das Fragwürdige dieses Versuches hingewiesen haben, der durch zwei Aspekte charakterisiert war, die allgemein mitteleuropäisch waren:

1. Die kolonialistische Haltung. Man sagte: »Wir wollen einen eigenen Staat dort gründen, wo nichts ist«, weil man vorausgesetzt hat, daß, wo lediglich Araber waren, nichts ist.

2. Es handelt sich um ein nationalistisches Selbstmißverständnis des Judentums. Dieses nationalistische Selbstmißverständnis des Judentums hängt nun auf das Engste zusammen mit dem mitteleuropäischen Nationalismus, dem deutschen, dem polnischen und anderen, und dem Antisemitismus. Es wäre falsch zu sagen, daß die Gründung Israels eine notwendige Folge der jüdischen Verfolgung war, aber ich glaube, daß niemand in Deutschland sagen kann, daß die Deutschen nicht irgendwie, wie immer komplex man das sehen kann, schicksalhaft verbunden sind mit der Gründung des Staates Israel und dadurch mit allem, was das zur Folge hatte, auch mit allem Unglück, daß das zur Folge hatte. Und man kann deswegen hier nicht so tun, als ob es sich im Falle der libanesischen und palästinensischen Flüchtlinge einfach um irgendwelche Flüchtlinge handelt. Ich möchte damit nicht das Schicksal anderer Flüchtlinge degradieren, ich möchte nur darauf hinweisen, daß hier eine ganz besondere deutsche Mitverantwortung gegeben ist. Es ist für mich um so unbegreiflicher, wieso dieser Aspekt nicht gesehen wird.

Ich möchte meinen Beitrag beenden mit einer alten jüdischen Geschichte, in der die wahre jüdische Tradition sich zeigt, die letztlich in ihrem Kern identisch ist mit der wahren christlichen Tradition und mit der wahren islamischen Tradition.

Ein Rabbi fragte seine Schüler: »Wie erkennt man, daß die Nacht zu Ende geht und der Tag beginnt?« Die Schüler fragten: »Ist es vielleicht dann, wenn man einen Hund von einem Kalb unterscheiden kann?« »Nein«, sagte der Rabbi. »Ist es dann, wenn man einen Feigenbaum von einem Mandelbaum unterscheiden kann?« »Nein«, sagte der Rabbi. »Wann ist es dann?« fragten die Schüler. »Es ist dann«, sagte der Rabbi, »wenn du in das Gesicht irgendeines Menschen blicken kannst und deine Schwester und deinen Bruder siehst. Bis dahin ist die Nacht noch bei uns.« *(1987)*

Als Jude in der Bundesrepublik Deutschland

Ich habe in einem Moment großer Unvorsichtigkeit ein Referat unter dem Titel: »Als Jude in der Bundesrepublik Deutschland« übernommen. Ich bin für dieses Thema nicht wissenschaftlich kompetent, und so kann ich nur aus der subjektiven Perspektive reden. Es kommt hinzu, daß meine subjektive Perspektive nicht typisch ist für das Bewußtsein der meisten nur wenigen Juden, die wieder in Deutschland, speziell in der Bundesrepublik Deutschland, leben.

Ich bin nicht aus Versehen nach Deutschland gekommen, sondern absichtlich. Mit 19 Jahren, bald nach Kriegsende, im Jahre 1949. Schon vorher hatte ich, gleich nach Kriegsende, einen Aufsatz gegen die Kollektivstigmatisierung der Deutschen geschrieben. Das war in der Emigration in Südamerika. Der unbeholfene Versuch des Fünfzehnjährigen war eine Reaktion auf die damals in Emigrantenkreisen verbreitete Meinung, daß es am besten wäre, ein Volk, das etwas so Barbarisches getan hat bzw. geschehen ließ, zu vernichten. Dieser Rachegedanke erschien mir absurd. Mit ihm hätten wir Juden die Unmenschlichkeit der Nazis lediglich umgedreht und selbst übernommen. Der Teufelskreis, so schien mir, mußte gebrochen werden.

Aber war es nicht würdelos und insofern vielleicht falsch, so früh als Jude absichtlich in das Land der Massenmörder zurückzugehen? Wahrscheinlich war es das, aber nicht, weil es so früh war. In den Jahren nach Kriegsende gab es in Deutschland eine große Bereitschaft zur Reflexion. Erst dann kamen die Jahre der Normalisierung. Und erst in den letzten Jahren merkten viele von uns, Juden und Nichtjuden, durch Ereignisse wie Bitburg aufgestört, daß eine angemessene Aufarbeitung der Vergangenheit noch gar nicht erfolgt ist, von beiden Seiten nicht.

Ich glaube, daß die Schwierigkeiten auf beiden Seiten, obwohl aus entgegengesetzten Gründen, ähnlich groß sind. Die Wirklichkeit ist komplex; so liegt es nahe, wichtige Teilaspekte zu verdrängen und undifferenzierte Positionen einzunehmen. Ein Beispiel ist, was ich eben über meine eigene Reaktion als Jugendlicher berichtet habe. Nachdem ich eine bestimmte jüdische Haltung, ich glaube mit Recht, als falsch empfunden hatte, geriet ich in einen entgegengesetzten Standpunkt, der ebenfalls falsch war.

Dialog zwischen Juden und Deutschen: ist er erforderlich? Die Deutschen stoßen in der Frage nach ihrer historischen Identität unweigerlich auf die nationalsozialistische Vergangenheit. Die Juden wiederum kommen, wenn sie sich fragen, wie sie sich selbst verstehen wollen, nicht darum herum, auf die eigene Geschichte und damit auf die lange Geschichte der Verfolgungen zu reflektieren, und diese Verfolgungen fanden in der systematischen Ausrottung des europäischen Judentums durch die Nazis eine bis dahin nicht für möglich gehaltene äußerste Form. Man steht aus zwei entgegengesetzten Perspektiven vor ein und derselben Geschichte.

Die verschiedenen Perspektiven führen auch dazu, daß man vieles, was gegenwärtig geschieht, sei es in der Bundesrepublik, sei es in Israel, sei es sonstwo, nicht nur verschieden bewertet, sondern sogar in seiner Faktizität verschieden sieht. Es handelt sich aber um ein und dieselben objektiven Ereignisse. Ich meine, als rationaler Mensch sträubt man sich dagegen, daß sich diese objektiven Ereignisse in widersprüchliche Perspektiven auflösen sollen. Und obwohl in der wertenden Beurteilung sicher subjektive Aspekte übrigbleiben müssen, so müßte man doch meinen, daß ein bestimmtes Ereignis, z.B. ein Mord, von allen grundsätzlich gleich bewertet werden muß, da wir sonst an der Idee einer universalen moralischen Gemeinschaft nicht festhalten können. Wer an dieser Idee festhalten will, muß als Betroffener den Dialog sowohl mit den gegensätzlich Betroffenen als auch mit Unbetroffenen suchen, weil darin eine wesentliche Chance liegt, nicht die eigene Perspektive aufzugeben, wohl aber die Verzerrungen der objektiven Wahrnehmung, auch der wertenden, zu der uns die subjektiven Erfahrungen stets zu verführen drohen.

Das scheint für alle Lebenssituationen individuelle, wie kellektive zu gelten, und deswegen scheint, um auf den konkreten Fall zurückzukommen, der Dialog zwischen Deutschen und Juden für deren jeweiliges Selbstverständnis so wichtig. Beide, Deutsche und Juden, sind in ihrer Identität besonders verunsichert, anders als z. B. Franzosen oder Katholiken. Natürlich schließen sich die beiden Gruppen, Deutsche und Juden, nicht aus. Sie haben sich allemal früher nicht ausgeschlossen. Es gab Juden, die zugleich Deutsche waren, deutsche Juden, und es gibt eben auch heute wieder einige, wenn auch sehr wenige Juden in der Bundesrepublik Deutschland. Es ist eine Tatsache, auch wenn manche finden, daß es diese Tatsache nicht geben sollte. Und wer als Jude bewußt und nicht nur notgedrungen in diesem Land lebt, für den stellt sich das Problem seiner jüdischen Identität angesichts der nazistischen Vergangenheit Deutschlands noch dramatischer, weil sein Leben in diesem Land jüdischerseits besonders legitimationsbedürftig erscheint.

Ich beginne mit einer kleinen Geschichte, die ich kürzlich erlebt habe. Ein gebildeter Herr, wesentlich älter als ich und mehrfach in Israel gewesen, sagte mir aus gegebenem Anlaß: »Ich wußte bisher nicht, daß Sie jüdischer Herkunft sind.« Ich antwortete nach einem Augenblick des Zögerns: »Ich bin nicht nur jüdischer Herkunft, sondern Jude.« Mein Gesprächspartner war etwas verblüfft und meinte: »Aber Sie sind doch nicht religiös praktizierender Jude?« Diese Frage überraschte wiederum mich, weil es meinem Gegenüber sicher nicht eingefallen wäre, diese Frage zu stellen, wenn ich Israeli gewesen wäre.

Erst im nachhinein machte ich mir explizit bewußt, worauf ich durch die eigene, provokative Antwort schon unmittelbar aufmerksam geworden war: die Merkwürdigkeit der Tatsache, daß es in der Bundesrepublik ziemlich allgemein üblich ist, die Bezeichnung »Jude« zu vermeiden und stattdessen zu sagen »jüdischer Herkunft«. Ich kenne diese Redeweise aus anderen Ländern nicht. Warum scheut man sich in Deutschland, jemanden als Jude zu bezeichnen? Ich vermute, weil man dies als irgendwie heikel, vielleicht sollte man fast sagen: als einen Makel empfindet. Und daß ich selbst einen Augenblick mit meiner Antwort gezögert hatte, erinnerte mich daran, wie häufig ich es nicht nur in diesem Land, aber wohl doch häufiger in diesem Land, vermieden habe, wenn es mit Anstand zu vermeiden war, zu erklären, daß ich Jude sei.

So war dieser kleine Dialog für beide Seiten signifikant. Auf meiner Seite zeigte sich die durch die ganze jüdische Geschichte hindurch vorhandene Ambivalenz zwischen einem inneren Stolz, Jude zu sein, und dem Bewußtsein, für die Außenwelt dadurch etwas Minderwertiges oder jedenfalls Anstößiges zu haben. Noch signifikanter erscheint freilich ein anderer Aspekt. An der Reaktion meines Gesprächspartners zeigte sich etwas, was mir für die Art, wie die Deutschen sich mit dem Problem ihrer Beziehung zu den Juden auseinandersetzen, charakteristisch erscheint. Daß nämlich die Frage nach dam jüdischen Selbstverständnis nicht gestellt wird. Man sieht die Juden, was ja völlig verständlich ist, nur von außen, entweder aus der Perspektive des Antisemitismus oder aus der Perspektive seiner Überwindung, und das heißt dann letztlich: als Opfer des Antisemitismus. Wenn ein nichtjüdischer Bundesrepublikaner gefragt würde, wer denn Jude sei, würde er zuerst, wie mein Gesprächspartner, an die religiös Gläubigen denken, danach dann auch an Israel.

Diese Sicht ist um so merkwürdiger, als sie in so schroffem Gegensatz zu derjenigen Definition von Juden steht, die vor 1945 in Deutschland gegeben wurde. Sollen wir sagen, aus Einsicht, weil jene Definition falsch war, weil sie zur Ausrottung führte? Diese Definition hätte aber nicht zur Ausrottung führen müssen, sie war freilich als rassentheoretische gewiß falsch, schon weil sie als solche unanwendbar war. Die praktische Anwendung lief aber gerade auf die Klasse derjenigen hinaus, die eben jüdischer Herkunft waren. Wer jüdischer Herkunft war, wurde als Jude bezeichnet, ob er sich selbst als solcher verstanden hat oder nicht. Und viele von uns verstanden sich als Juden gerade erst aus der Reaktion auf den Antisemitismus. Es war eine Untertreibung von Sartre, dies so zu interpretieren, daß dieses jüdische Selbstbewußtsein nur eine Projektion des Antisemitismus sei. Es geht mir hier überhaupt nicht um die Frage, welches Identitätskriterium für Jude richtig ist. Ich halte eine solche normative Frage nicht für sinnvoll, und jedenfalls geht es mir nur um die faktisch deskriptive Frage, wie von jüdischer Seite die Frage nach der Identität beantwortet wird.

Es gab und gibt im Zeitalter der Emanzipation, also seit die Fortsetzung der religiösen Tradition nicht mehr selbstverständlich ist, erstens immer noch den religiösen Weg, und sonst, so scheint mir, drei Alternativen, im ganzen wären das also vier Möglichkeiten, die jüdische Identität zu verstehen. In der Autobiographie von Gershom Scholem *Von Berlin nach Jerusalem* werden die drei nichtreligiösen Möglichkeiten deutlich in den drei verschiedenen Wegen, die Scholem und seine Brüder gewählt haben. Die beiden ältesten Brüder suchten die Assimilation, der dritte Bruder Werner wurde Sozialist, Gershom selbst wurde Zionist. Scholem beschreibt diese verschiedenen Optionen so, als ob die Geschichte inzwischen gezeigt hätte, daß nur seine eigene, die zionistische Entscheidung richtig war. Aber ist das berechtigt? Ist es wirklich das historische Ergebnis, das über die Angemessenheit eines Selbstverständnisses entscheidet? Und selbst wenn man das bejahen würde: kann man denn angesichts der prekären Lage Israels wirklich sagen, daß der zionistische Weg durch die Geschichte vindiziert wurde? Dürfen wir wirklich den Weg der Assimilation als im nachhinein durch den Nazismus widerlegt ansehen? Auf diese Weise wird man den vielen Juden nicht gerecht, die in vielen Ländern heute noch den Weg der Assimilation weitergehen oder die Assimilation wenigstens hinnehmen.

Man kann freilich sagen, dieser Weg ist kein eigentlich jüdischer, weil er darin besteht, das allmähliche Aufhören der jüdischen Identität sei es anzustreben, sei es in Kauf zu nehmen. Aber ob eigentlich jüdisch oder nicht, das ist eine wirkliche Option, die man als Jude hat. Es sei denn, daß sie einem, wie es in der Nazizeit geschah, durch den Antisemitismus verbaut wird. Als unauthentisch verwerfen kann man diesen Weg nur, soweit er, wie Scholem das bei seiner Familie zu erkennen meint, Selbstverleugnung und Selbstbetrug impliziert. Aber erstens stellt sich die Frage, ob es denn irgendeinen Weg der nichtreligiösen jüdischen Identitätsfindung gibt, der nicht mit der Gefahr von Selbsttäuschungen zu rechnen hat, und zweitens ist nicht einsichtig, daß die Idee einer allmählichen Assimilation nur als Selbsttäuschung möglich sein soll, daß sie nicht auch durchaus realistisch sein kann. Im übrigen zeigt der Umstand, daß bei der Idee der Assimilation vielfach Selbstbetrug (indem man den Tatbestand des Antisemitismus übersieht) und Selbstverleugnung (über was man als Jude ist) im Spiel sind, daß sich die jüdische Identität nicht auf die religiöse reduzieren läßt. Man bleibt Jude, auch wenn man aufhört, religiös zu sein. Sonst wäre die Assimilation etwas gewesen, was man hätte einfach anknipsen können.

Der eigentlich interessante Konflikt ist jedoch der, der durch die beiden jüngsten Scholem-Brüder repräsentiert wird. Während die Assimilation, wenn sie ohne Selbsttäuschung erfolgt, zwar ein legitimer, aber kein positiv jüdischer Weg ist, sind das die zwei positiven Möglichkeiten, wie man sein Jude-Sein interpretieren kann, wenn man es nicht mehr religiös versteht. Der eine, der zionistische, insistiert weiterhin auf der Besonderheit der Juden, aber diese werden nicht mehr religiös verstanden, sondern national. Man kann daher den zionistischen Weg, den Gershom Scholem eingeschlagen hat, als den partikularistischen bezeichnen.

Um den anderen Weg in seiner Allgemeinheit zu verstehen, muß man sehen, daß das sozialistische Selbstverständnis von Werner nur eines von vielen ist. Das Charakteristische dieses Weges im allgemeinen ist, daß man die jüdische Identität ins Universalistische aufhebt, das heißt, die jüdische Erfahrung so interpretiert, daß sie einen empfindlich macht für alles Unrecht, wem immer es geschieht. Diese universalistische Konzeption der jüdischen Identität ist seit dem Zweiten Weltkrieg nicht mehr so vernehmbar. Sie hält sich jedoch durch in solchen Figuren wie z. B. Marek Edelmann, dem ehemaligen stellvertretenden Kommandanten des Warschauer Ghettoaufstandes. In einem Interview, das in deutscher Sprache voriges Jahr in der neuen Zeitschrift *Babylon* erschienen ist (Bd. I (1986) S. 92-107), beantwortet der jetzt in Lodz als Arzt tätige Edelmann die Frage, was es bedeutet, heute Jude zu sein, so: »Das bedeutet, auf der Seite der Schwachen zu sein ...« (S. 106).

Man muß zugeben, daß das keine Definition von jüdischer Identität sein kann. Deswegen kommt Edelmann angesichts der weiteren Fragen, wie denn dann diejenigen Nichtjuden zu verstehen seien, die sich ebenfalls für die Schwachen einsetzen, in terminologische Schwierigkeiten. Das ist aber für diese Idee nebensächlich. Es ist durchaus legitim zu sagen: man setzt sich für die Schwachen und Gedemütigten ein, weil man Jude ist, ohne damit zu implizieren, daß nicht alle anderen Menschen sich ebenfalls für die Schwachen und Gedemütigten einsetzen können. Denn ein

Marek Edelmann will damit nur sagen, das eben sei die Konsequenz, die Juden für ihren Teil aus der Erfahrung damit ziehen sollten, was es heisst, gedemütigt zu werden, da sie die besondere Sensibilität, die sie durch diese Erfahrung gewonnen haben, ins Universalistische wenden.

Es ist zwar zuzugeben, daß dieser dritte nichtreligiöse Weg jüdischer Identität gegebenenfalls auch in den ersten, den der Assimilation mit einmünden kann. Genauer gesagt, wer für den universalistischen Weg optiert, strebt zwar die Assimilation nicht an, nimmt sie aber in Kauf. Das kann aber nicht als Argument gegen diese Option gelten, es sei denn, man unterstellt, daß die Fortdauer des jüdischen Kollektivs ein Wert an sich ist. In dieser Voraussetzung, daß das jüdische Kollektiv unbedingt erhalten werden soll, stimmen die religiöse und die nationale Option überein, aber nur in der religiösen Tradition ist diese Option begründet. Hier stellt sich die Frage, ob man nicht ehrlicherweise zugeben sollte, daß nur der jüdische Glaube den Imperativ begründen kann, für das Fortleben des jüdischen Volkes zu leiden. Dieses Leiden muß sinnlos erscheinen, sobald es nicht mehr als von Gott auferlegt gesehen wird.

Wenn man das ernst nimmt, muß die zionistische Option ihrerseits sehr fragwürdig erscheinen. Sie scheint von zwei Gedanken auszugehen, einem mehr grundsätzlichen und einem eher reaktiven. Der reaktive Gedanke war, daß die Gründung eines eigenen jüdischen Staates die einzige noch verbleibende Zufluchtsstätte vor dem überbordenden Antisemitismus darstellt. Dieser Gedanke bekam in den dunkelsten Jahren der Naziverfolgung, in denen kein Land der Welt mehr bereit war, Juden aufzunehmen, eine überwältigende Anziehung. Was heute in der Bundesrepublik weitgehend nicht mehr gesehen wird, ist, daß der Zionismus erst in den Kriegs- und Nachkriegsjahren, verursacht durch die Naziverfolgung, von einer Minderheit zu einer Mehrheitsoption im Judentum geworden ist.

Von dieser mehr reaktiven, gewissermaßen pragmatischen Grundlage des Zionismus muß man die grundsätzliche unterscheiden, die auf eine Neudefinition der partikularen jüdischen Identität hinausläuft. Es ist sehr schwer, für diese Neudefinition eine Berechtigung zu sehen. Hier stehen nun der religiöse Weg und der universalistische, ja vielleicht sogar der assimilationssuchende auf der einen Seite, der nationale auf der anderen. Die Zionisten sagten: »Wir wollen ein Volk sein wie alle anderen Völker«, ein der jüdischen Tradition widersprechender Gedanke. Man könnte zugespitzt sagen: wenn wir ein Volk wären, das wie alle anderen Völker wäre, dann wären wir gerade nicht das Volk, das wir sind.

Damit will ich diese Überlegungen zur jüdischen Identität abschließen. Ich brauche kaum ausdrücklich zu sagen, daß ich mich selbst im Sinn der universalistischen Option verstehe. Worauf es mir ankam, war zu zeigen, daß jede der drei nicht religiösen Optionen mit Schwierigkeiten behaftet ist und daß die Fixierung auf Israel, die heute bei Nichtjuden, auch außerhalb von Deutschland, besteht, dem komplexen jüdischen Selbstverständnis nicht gerecht wird. Obwohl sie seit dem Ende des Krieges in die Minderheit geraten und nicht mehr so vernehmlich sind, gibt es auch heute noch antizionistische jüdische Positionen.

Natürlich fällt es der universalistischen Option am leichtesten, einen Dialog mit Deutschen zu führen. Aber sie ist keineswegs die Voraussetzung dafür, denn gerade wenn die Dialogpartner jeder seinen eigenen partikularistischen Standpunkt haben, müßten sie die Fähigkeit haben, sich unter Wahrung dieses Standpunktes gleichzeitig auf eine objektive Ebene zu erheben. Und es könnte gerade die Gefahr derjenigen Juden sein, die sich von vornherein universalistisch verstehen, daß sie im Dialog mit einer nichtjüdischen Position den eigenen Standort, der doch festgehalten werden muß, verleugnen.

Die besondere Schwierigkeit, die in dem speziellen Fall des Dialogs zwischen Deutschen und Juden besteht, ist die Asymmetrie. Zwischen Deutschen und Juden gab es nicht einen Krieg, das wäre etwas Symmetrisches, Reziprokes, sondern die Deutschen haben die Juden verfolgt, und, soweit sie es konnten, vernichtet. Ich meine nun, beide Gesprächspartner laufen in einer solchen Situation Gefahr, in bestimmte typische und sich auf beiden Seiten seitenverkehrt entsprechende Fallen zu geraten, was zur Folge hätte, daß der Dialog auf die eine oder andere Weise mißlingen muß.

Ich habe schon angedeutet, daß der Dialog nach meiner Meinung nur gelingen kann, wenn beide Seiten erstens ihre partikulare Situation festhalten und zweitens gleichwohl auf eine objektive Ebene durchdringen. Wenn das richtig ist, ist der Dialog auf beiden Seiten durch zwei mögliche Schwächen gefährdet. Die erste bestünde darin, daß die partikulare asymmetrische Situation mehr oder weniger verleugnet wird und das hieße, daß man sich so auf die universalistische Ebene stellt, daß man von den partikularen Gegebenheiten absieht und das heißt, daß man so tut, als ob es den Genozid gar nicht gegeben hätte oder als ob man davon abstrahieren könne, daß die einen auf seine eine Seite und die anderen auf seine andere Seite gehören. Jeder von uns steht, wie immer indirekt, in diesen Zusammenhängen. Und jede der beiden Seiten muß das sowohl von sich, wie von der anderen Seite anerkennen.

Die andere Gefahr besteht darin, daß man in dieser Partikularität steckenbleibt und sich nicht gleichzeitig über sie zu erheben vermag. Auf jüdischer Seite kann dies zu einer eigentümlichen moralischen Überheblichkeit führen, zu einer Haltung, die der jüdische Historiker Michael Wolffssohn in einem *Zeit*-Artikel aus dem Jahre 1983 als die Haltung des »Wir Guten, Ihr Bösen« bezeichnet hat. Wolffssohn schreibt: »Unabhängig davon, ob man im Machtbereich der

Henker gelebt hatte oder nicht, als Jude gehörte man eben zur Gruppe der Opfer, gehörte zu den Mächten des Lichtes und des Guten. Jeder Jude, ob Lagerinsasse oder nicht, konnte Auschwitz auf sein Konto buchen, und zwar auf die Haben-Seite seines Kontos.« Und daraus entstehe, schreibt Wolffssohn, eine Neigung auf jüdischer Seite, sich als »Schulmeister« und »Mahner« zu präsentieren (DIE ZEIT, 1983, Nr. 22, S. 9). Man ist dann so fixiert auf die Partikularität des Faktischen, daß man übersieht, daß die Rollen auch hätten umgekehrt sein können. Man stilisiert das Faktische zu etwas Wesensmäßigem und konfrontiert die Deutschen mit einem Verdikt, als ob, was geschehen ist, zu ihrem Wesen gehören würde. Auf diese Weise kann kein verstehender Dialog zustande kommen.

Die spiegelbildlich entsprechende Haltung findet man auf der anderen Seite, wenn Deutsche Juden mit einem mehr oder weniger eingestandenen kollektiven Schuldgefühl gegenübertreten. Das führt dann dazu, daß man als Jude mit einer besonderen Rücksicht und nicht als ganz gewöhnlicher Mensch behandelt wird. Da niemand gern mit einem Schuldgefühl lebt, führt dieses Schuldgefühl dann leicht in eine Verkehrung, in eine Trotzhaltung oder Leugnung der Realität. So kann der Dialog, selbst wenn man auf jüdischer Seite ohne kollektive Schuldzuweisung auftritt, von deutscher Seite verunmöglicht werden.

Es ergeben sich merkwürdige Mißverständnisse, die sich im Zusammenhang mit Bitburg im Mai 1985 zeigten. Aus jüdischer Perspektive erschien es moralisch unmöglich, daß der amerikanische Präsident die Soldaten, die für Hitler gekämpft hatten, ehren könnte, weil damit der besondere Charakter dieses Krieges, der ein Eroberungs- und Vernichtungsfeldzug war, geleugnet wurde. Von vielen Deutschen ist diese Haltung dahingehend mißverstanden worden, als sollten damit diese Soldaten als Menschen entehrt werden. So schien es nur zwei Positionen zu geben. Entweder zu leugnen, daß dieser Krieg böse war oder sich von einer kollektiven Schuldzuweisung betroffen zu fühlen.

So scheint es also gerade die Neigung zum Schuldgefühl zu sein, die dazu führt, die schwierige Realität zu leugnen. Das Gefühl einer kollektiven Schuld auf deutscher Seite, Schuldzuweisung auf jüdischer Seite sind also für jede Verständigung über das, was damals geschehen ist und gegenwärtig geschieht, abträglich. Es gibt, wie Bundespräsident Weizsäcker in seiner Rede vom 8. Mai 1985 sagte, keine kollektive Schuld. Schuld kann ihrem Begriff nach nur persönlich sein. Ich kann mich nicht für etwas schuldig fühlen, was mein Vater getan hat.

Allerdings kann ich mich für das, was mein Vater getan hat, schämen. Entsprechend gibt es so etwas wie Scham für etwas, was im Namen des eigenen Volkes geschehen ist. Ich weiß nicht, wie weit es hilft, das hier relevante moralische Gefühl als Scham statt Schuld zu identifizieren. Denn jedes negative Gefühl, auch Scham, mag dem Erkenntnisprozeß im Wege stehen. Andererseits würde man von jemandem, der bei der Erkenntnis bestimmter Zusammenhänge, die Scham erfordern, keine Scham fühlt, sagen müssen, daß er diese Zusammenhänge nicht eigentlich erkannt hat.

Es ist kein Zweifel, daß der Dialog zwischen Juden und nichtjüdischen Deutschen schwierig ist, weil er von beiden Seiten, wenn die Realität nicht geleugnet wird, unausweichlich mit Emotionen belastet ist, und jede von einem Teilfaktor der Realität hervorgerufene Emotion hat die tendenzielle Wirkung, gegenüber der Gesamtrealität blind zu machen. Erschwerung heißt aber nicht Verunmöglichung. Die historischen Sachverhalte objektiv zu erkennen bleibt möglich. Es kann letztlich nicht eine deutsche Sicht der Dinge einerseits, eine jüdische andererseits geben. Wenn es so wäre, gäbe es auch keinen Dialog. Muß das nicht genauso für die kritische Sicht der jüdischen Geschichte wie für die kritische Sicht der deutschen Geschichte gelten?

Ein Beispiel ist die Berechtigung, Israel zu kritisieren. Als ich Anfang dieses Jahres auf einer Kundgebung in einer Berliner Kirche gegen die Abschiebung von Libanesen und Palästinensern als Jude eine grundsätzliche Kritik am Staat Israel äußerte, sagten mir andere Teilnehmer nachher: »Wir sind ganz Ihrer Meinung, aber wir als Deutsche können das nicht sagen. Nur Sie als Jude können das.« Ist es wirklich so, daß das, was gesagt werden darf, davon abhängt, wer es sagt? Warum sollen Deutsche nicht Juden kritisieren? Als Jude würde man sich wünschen, daß sie es täten, weil sonst die Juden einen Sonderstatus behielten, und weil alles, was nur gedacht und nicht gesagt wird, sich am Ende schlecht auswirken muß.

Viele Juden neigen freilich dazu, wenn immer sie auf Kritik von Nichtjuden stoßen, Antisemitismus zu vermuten. So geben sie sich selbst einen Sonderstatus. Und da viele Deutsche die Befürchtung, kritische Äußerungen könnten als Antisemitismus ausgelegt werden, projektiv vorwegnehmen, entsteht um einen Juden in der Bundesrepublik, wenn von jüdischen Dingen die Rede ist, leicht eine Situation, die wie von Watte ist. Ich persönlich habe in den 38 Jahren, die ich in diesem Land bin, fast keinen Antisemitismus zu spüren bekommen, und jedenfalls weniger als in anderen Ländern. Das ist natürlich keine generalisierbare Aussage. Aber mindestens ebenso bemerkenswert wie die Tatsache antisemitischer Äußerungen ist, daß man in vielen Milieus in diesem Land als Jude einen Bonus hat.

Der Antisemitismus ist ein Tabu. Und deswegen kann man weder sagen, daß es ihn gibt, noch, daß es ihn nicht gibt. Sowohl von jüdischer wie von nichtjüdischer Seite wird die Gefahr der Wiederkehr des Antisemitismus in diesem Land vielfach mit großer Sorge verfolgt. Ich weiß nicht, ob das richtig ist. Der Antisemitismus ist schließlich seinerseits nur ein Symptom. Der kürzlich aus dem Leben geschiedene italienisch-jüdische Autor Primo Levi, der

Auschwitz überlebt hat, schreibt über sein Auschwitz-Buch *Wenn das ein Mensch ist* im Vorwort, daß das Buch nicht geschrieben wurde, um neue Vorwürfe zu erheben, sondern um zu zeigen, wohin die bei so vielen Menschen und Völkern verbreitete Vorstellung führe, daß jeder Fremde ein Feind sei. Es sei diese Überzeugung, deren letzte Konsequenz die Todeslager gewesen seien.

Ich glaube, daß diese Überzeugung immer noch in diesem Land verbreitet ist, daß sie aber gegenüber den Juden weniger sichtbar wird, eben weil der Antisemitismus ein Tabu ist, als gegenüber vielen anderen Minderheiten, wie den Zigeunern, den Türken, den Asylanten. Und ich fürchte, daß diejenigen, die sich Sorgen machen, den eigentlichen Gegenstand der Sorge verfehlen, wenn sie einseitig den Antisemitismus im Visier haben.

Hier zeigt sich die eigentliche Schwierigkeit, in einen sachgemäßen Dialog mit den Deutschen zu kommen, die diejenigen Juden haben, die sich partikularistisch verstehen. Weil sie ihre eigene Partikularität im Auge haben, bleiben sie auf den Antisemitismus fixiert. Die Folge ist nicht, daß sich auf diese Weise die jüdische Seite mit der deutschen nicht verstehen kann. Vielleicht verstehen sich hier beide Seiten nur zu gut. Für die deutsche Seite hat diese Fixierung auf den Antisemitismus den Vorteil, daß die eigentlich virulenten Probleme des heutigen Fremdenhasses übergangen werden können. So gibt es also auch die Möglichkeit eines Einverständnisses im Dialog, das gerade nicht objektiv, sachangemessen ist, sondern von beiden Seiten durch subjektive Faktoren verzerrt, die sich dann aber gerade wechselseitig stützen.

Es ist vielleicht überflüssig, daß ich zum Schluß noch einmal betone, daß ich nur für mich gesprochen habe. Was im Titel stand, »als Jude« war zu anspruchsvoll. Es waren nur Überlegungen und Fragen *eines* Juden. (*1987*)

Das Euthanasieproblem und die Redefreiheit

Eine kleine Berliner Öffentlichkeit beobachtet zur Zeit neugierig, vielleicht auch beklommen, die Konfrontation zwischen Philosophischem Institut der FU und Gruppen von Behinderten, die das Seminar über Praktische Ethik von Beate Rössler, in dem auch über Euthanasie diskutiert werden sollte, gesprengt haben. Man möchte gerne wissen, wie sich die Verhinderung des Seminars auf unsere Köpfe auswirkt. Natürlich so verschieden, wie wir verschiedene Köpfe haben. Ich spreche im folgenden nur für meinen eigenen (aber manche anderen denken ähnlich).

Es scheint mir nützlich, die Sprengung dieses Seminars mit einer Ohrfeige zu vergleichen, auch um sie von anderen Formen von Seminarbehinderungen zu unterscheiden. Jedenfalls habe ich sie wie eine Ohrfeige erlebt. Die erste Reaktion auf eine Ohrfeige ist Empörung, so ging es auch mir in diesem Fall. Die zweite kann (muß nicht) Ernüchterung sein. Und es ist diese Ernüchterung, die von der anderen Seite bezweckt wird. Eine Ohrfeige ist als symbolischer Gewaltakt ein äußerstes, immer moralisches Kommunikationsmittel, gewöhnlich aus unterlegener Position, ein Aufschrei gewissermaßen: »Siehst du denn nicht, seht ihr denn nicht, wie ihr unsere Interessen, unsere Rechte mit Füßen tretet?«

Moral besteht zu einem guten Teil in der Einübung der Übernahme der Standpunkte der anderen. Die in den letzten Jahren aufgekommene philosophische Diskussion über Euthanasie (auch in meiner eigenen Vorlesung) hat es daran bisher in – nachträglich gesehen – verblüffendem Ausmaß fehlen lassen. Als ich mir jetzt die »Erklärung Berliner Philosophen« (zu einer Seminarstörung in Duisburg), die ich mitunterschrieben habe, wieder ansah, konnte ich sie nur mit Kopfschütteln lesen. Kein Wort des Verständnisses für die Betroffenheit der Behinderten. Einseitig haben wir damals die Fahne der ungestörten Rede- und Diskussionsfreiheit hochgehalten.

Es ist zweifellos wahr, daß die Institution der Universität und vieles mehr auf diesem Recht gründet. Aber gilt es absolut? Angenommen, an einem Institut würde ein Seminar über die Nürnberger Rassengesetze angekündigt, und zwar nicht zu ihrer historischen Analyse, sondern zu ihrer normativen Überprüfung: um zu klären, welche Teile davon erneut oder welche Verschärfungen für gut zu befinden seien. Würden sich nicht viele von uns den Störern anschließen?

Ist der Vergleich ganz abwegig? Aus der Perspektive der Behinderten gewiß nicht. Sie fühlen sich durch die Euthanasie-Diskussion in ihrer Existenz bedroht: »Aber doch zu Unrecht!«, sagen manche. Darauf ist zweierlei zu antworten: Erstens, selbst wenn es zu Unrecht wäre, müßten wir respektieren, daß sie sich bedroht fühlen. Zweitens, besteht dieses Gefühl wirklich zu Unrecht? »Wenn künftig Säuglinge, die so und so beschaffen sind, getötet würden, würden wir, wenn wir schon unter diese Regelung gefallen wären, nicht existieren.«

»Aber solche Regelungen fassen wir doch überhaupt nicht ins Auge!« Auch das stimmt nicht ganz, wenn man die Euthanasie-Diskussion in der deutschen Philosophie im Ganzen betrachtet. Allemal werden solche Regelungen von Singer ins Auge gefaßt, dessen Buch in den meisten Seminaren zu diesem Thema berücksichtigt wird.

Wenn also die Dinge so stehen, wenn wir feststellen müssen, daß wir eine ohnehin diskriminierte Minderheit mit der Diskussion solcher Fragen bedrohen, wäre es dann nicht richtiger, diese Thematik künftig aus unseren Lehrveranstaltungen wegzulassen?

Hier stößt man jedoch auf eine entgegengesetzte Erwägung. Wir können diese Thematik nämlich nicht weglassen – nicht aus Gründen einer abstrakten Wissenschaftsfreiheit, sondern weil dem philosophischen Interesse an der Euthanasie-Problematik ein wichtiges praktisches Problem zugrundeliegt, das in unserer Gesellschaft schlecht gelöst ist: Ich meine das Problem der unheilbaren und schwerleidenden Menschen, und hier besonders der Säuglinge und anderer Personen, die ihren Willen nicht äußern können.

Die Tötung scheint in vielen Fällen das einzige zu sein, was im Interesse des Kindes ist, aber der Arzt darf das nicht tun, weil unsere Rechtsprechung, die sich auf ganz bestimmte und heute keineswegs mehr selbstverständliche ethische Vorstellungen stützt, das verbietet. Deswegen wird in vielen Fällen die sog. passive Euthanasie praktiziert, d. h. Sterbenlassen durch Nichttun, zum Beispiel durch Verhungernlassen, was gegenüber der aktiven Tötung nur ein Plus an Grausamkeit bedeutet.

Eine antiquierte Handlungstheorie stützt die Auffassung, Unterlassen sei etwas wesentlich anderes als Tun: Wenn man den Stecker des Sauerstoffgeräts herauszieht, tötet man; wenn man sieht, wie er herausfällt und nichts dagegen tut, tötet man nicht. Das sind die Schlupflöcher einer überrigiden und nicht vom Menschen her gedachten Ethik.

Also, hier scheint ein erheblicher Handlungsbedarf und das heißt Klärungs- und Diskussionsbedarf zu bestehen. Man wird mir jedoch widersprechen. Ein Einwand lautet, man dürfe nie bei Personen, die sich nicht äußern können, über ihr Leben entscheiden. Aber warum nicht? Und gibt es nicht sehr starke Gründe für die gegenteilige Auffassung aus der Perspektive der Person selbst, wenn bestimmte extreme Bedingungen gegeben sind?

Ferner wird man mir entgegenhalten, daß es keine scharfen Grenzen gibt zwischen den Fällen, die hoffnungslos sind, und denen, die es nicht sind. Aber dürfen wir wirklich, nur weil es keine scharfe Grenze gibt, die Frage einseitig zugunsten der einen Seite entscheiden und die andere ihrem Unglück überlassen?

Es kann hier nicht darum gehen, für eine bestimmte Beantwortung all dieser Fragen zu werben. Ich möchte nur deutlich machen, daß es lebenswichtige Fragen sind, die geklärt und also diskutiert werden müssen, und zwar dringlich. Daß diese Fragen den Ausgangspunkt der Euthanasie-Diskussion in den philosophischen Lehrveranstaltungen darstellen, zeigt, warum obiger Vergleich eines solchen Seminars mit einem über die Nürnberger Rassengesetze eben doch abwegig ist. Denn: Ihre Diskussion ist zwar – beim jetzigen Status quo – im negativen Interesse der Behinderten, sie ist aber zugleich im positiven Interesse aller. Wir alle müssen daran interessiert sein, daß unser eigenes Kind, wenn ihm denn ein solches Schicksal widerfährt, nicht unmenschlich behandelt wird. (Und was hier »unmenschlich« heißt, das dekretiere nicht ich, es soll aber auch nicht von anderen dekretiert werden dürfen.) Deswegen eben sind wir hier alle auf eine gemeinsame Klärung angewiesen.

Weil es aber nicht jene scharfe Grenze gibt, sondern einen breiten grauen Streifen der Ungewißheit, läßt sich auch nicht eine gute Euthanasie von der bösen säuberlich trennen, und das heißt: Auch die Beschränkung auf die engsten und ethisch notwendigen Euthanasie-Fragen, auf die wir nicht verzichten wollten, wird bei den Behinderten Bedrohungsgefühle hervorrufen. Daraus ergibt sich ein moralisches Dilemma, das jedoch gemildert werden würde, wenn es uns, den über diese Fragen Philosophierenden, gelänge, die Behinderten wirklich miteinzubeziehen. Doch werden wir es ihnen überlassen müssen, ob sie sich einbeziehen lassen wollen.

(*1990*)

Der Golfkrieg, Deutschland und Israel

»Wie ist es zu diesem Verfall der politischen Kultur gekommen?« fragte ich, »zu dieser Bankrotterklärung der Intellektuellen? Ich fühle mich fast an 1914 erinnert. Zwar nicht solche Begeisterung, aber dieselbe Verblendung. Wieso seid ihr alle, mit gewissen Nuancen, in die offizielle Linie eingeschwenkt?« – »Vielleicht«, meinte mein Freund, »weil sie richtig ist.« – »Vielleicht«, antwortete ich, »aber habt ihr klar gedacht, oder ist es nur das dumpfe Wohlbehagen an angeblich wiedererlangter Normalität, was euch bestimmt? Stell dir zunächst folgendes vor: Es ist ein Jahr später. Eine Frau steht mit ihrem kleinen Kind am Fenster. Sie schauen hinaus. Draußen ist es dunkel, Ruß. Man soll nicht hinausgehen, wegen der ultravioletten Strahlen. Die Frau erzählt dem Kind, wie es früher war und was geschehen ist. Das Kind fragt: ›Und warum hat niemand etwas dagegen getan?‹

Es ist diese Frage, die sie auf sich gerichtet sehen, die die Frauen und Männer auf die Straße treibt. Es ist eine Diffamierung der sogenannten Friedensbewegung, wenn man sie fragt, warum sie nicht bei dem Überfall auf Kuwait oder bei der Vergasung der Kurden oder bei sonst etwas Entsetzlichem demonstriert hat. Erstens gibt es nicht ›eine Friedensbewegung‹, es gibt einfach viele Menschen, die entsetzt sind. Zweitens: Für das, was man die Friedensbewegung nennt, ist diese *Verbindung* von Angst und Moral charakteristisch, und sie ist legitim. Aus bloß moralischen Gründen, und mögen sie noch so stark sein (die seit Jahrzehnten andauernde Katastrophe der Kurden zum Beispiel), gehen nicht Massen auf die Straße. Das war 1983 genauso. Massen demonstrieren nur, wenn sie *auch* Angst haben. Du solltest unsere Angst nicht diffamieren. Wenn die Verseuchung des Planeten zu befürchten ist, ist sie rational. Oder ist dein Vorwurf, die Angst für sich und seine Kinder sei egozentrisch? Und wenn schon! Außerdem geht sie bei den meisten Demonstrierenden über in die Angst für die anderen Kinder und Menschen der Stadt, des Landes, der Welt. Man kann hier Angst und Moral nicht trennen.«

»Vielleicht hast du recht«, meinte mein Freund. »Aber ihr habt euch von der Angst irreführen lassen, und wir müssen also dem Kind dieser Frau antworten: ›Man konnte nichts dagegen tun, es war unausweichlich, und alles andere wäre feige gewesen und unmoralisch.‹« – »Wirklich? Wird das Kind dir das abnehmen?«

Im folgenden will ich in zwei Abschnitten meinem Freund und den Freunden meines Freundes zu zeigen versuchen, daß sie die Irregeführten sind. Im ersten will ich die Begründung für diesen Krieg prüfen, wie sie uns bis zu seinem Ausbruch am 16. Januar dargestellt wurde und wie sie weitgehend noch heute gelten soll. Saddam Hussein hatte Kuwait überfallen, und er soll gezwungen werden, sich aus Kuwait zurückzuziehen. Sehr bald nach dem Beginn des Krieges kam ein zweiter und für viele gewichtigerer Grund hinzu: Die enorme Rüstung des Irak, auch mit nichtkonventionellen Waffen, ließ ihn, wenn man sie mit den menschenverachtenden Drohungen des Saddam zusammen sieht, als furchtbare Bedrohung erscheinen, besonders für Israel. Deswegen, so heißt es jetzt, ist der Krieg auch als Präventivkrieg erforderlich.

Es ist verständlich, daß in Deutschland dieser zweite Grund im Vordergrund steht. Auf diesen Aspekt werde ich im zweiten Abschnitt eingehen. Im ersten sehe ich von Israel ab. Das mag etwas künstlich erscheinen, man sollte jedoch nicht, wie mein Freund es tut, wechselweise den einen Grund und dann, wenn er widerlegt ist, den anderen hervorheben. Es fördert die Klarheit des Denkens nicht.

I.

Die offizielle Begründung für diesen Krieg lautet: Ein Land darf nicht ein anderes überfallen. Wenn das geschieht, muß es gezwungen werden, sich wieder zurückzuziehen, notfalls mit Krieg.

Das ist ein gutes Prinzip. Doch wenn es ein Prinzip sein soll, müßte es allgemein angewandt werden, denn sonst stellt sich der Verdacht, daß es ein Vorwand ist. Warum gerade bei Kuwait, oder: warum gerade jetzt? Man denke an den Einmarsch der Sowjetunion in Afghanistan, den Überfall der USA auf Panama.

Man könnte antworten: Gegenüber einer Supermacht geht das nicht. Man muß also das Prinzip schon etwas abschwächen: Es soll nur gelten, wenn ein kleiner Staat von einem mittleren überfallen wird. Die Vereinigten Staaten bleiben frei, gegen Panama oder Nicaragua oder andere, besonders lateinamerikanische Länder Krieg zu führen, niemand wird sie daran hindern, weil niemand es kann. Man mag sagen: Auch ein so eingeschränktes Prinzip ist besser als nichts. Aber auch in dieser Einschränkung ist das Prinzip bisher nicht angewandt worden. Man denke an den Einmarsch von Israel in den Libanon, an den Überfall des Irak auf den Iran, der Türkei auf Zypern, Indonesiens auf Osttimor und so weiter.

Man könnte entgegnen: Einmal muß man den Anfang machen. Aber die Frage ist dann berechtigt: Warum gerade jetzt und hier? Liegt es nicht nahe zu antworten: hier, wegen des Öls; jetzt, wegen des Wegfalls der West-Ost-Bipolarität? Die USA haben nach der Beendigung des Kalten Krieges ihre extreme Hochrüstung kaum verringert. Sie brauchen also neue Vorwände für sie. Die Begeisterung in Amerika über die Effizienz der neuen Waffen bestätigt das. Man kann nicht bezweifeln, daß das dem Interesse des amerikanischen industriell-militärischen Komplexes entspricht, gleichzeitig dem politischen Interesse der USA. Bush hat in seiner Rede über den Stand der Nation erklärt, er strebe eine neue Weltordnung an, in der die USA an erster Stelle stehen müssen.

Man könnte einwenden: Die Begründung für einen Krieg ist meist überdeterminiert. Die Interessen der Ölindustrie, der Rüstungsindustrie und der Hegemonie der USA kämen hier eben mit dem moralischen Prinzip überein. Doch das ist unsauber gedacht. *Der* Teil der Begründung ist der entscheidende, ohne den der Krieg nicht stattgefunden hätte. Es ist zwar richtig, daß man ein Volk (oder einen Teil der Welt) nicht in einen Krieg führen kann, wenn man keinen »moralischen« Grund angibt. Ein Krieg, der nicht einem wie immer definierten »Guten« gilt, kann nicht geführt werden. Aber man muß eben unterscheiden zwischen vorgegebenen und wirklichen Gründen.

Doch nehmen wir an, das sei alles falsch, »der« Grund für diesen Krieg sei das genannte völkerrechtliche Prinzip. Dann würden jedoch noch zwei grundsätzliche Prinzipien des »gerechten«, das heißt berechtigten Krieges verletzt.

1. Auch ein an sich berechtigter Krieg ist nur dann gerechtfertigt, wenn alle nichtkriegerischen Mittel zur Beseitigung des Übels ausgeschöpft worden sind. 2. Die Übel, die der Krieg selbst mit sich bringt, dürfen nicht voraussichtlich außer Proportion stehen zu dem zu beseitigenden Übel. Beide Prinzipien sind in unserem Fall eindeutig verletzt worden. Dabei hätte auch nur die Verletzung eines dieser Prinzipien den Krieg zu einem Unrechtkrieg gemacht.

Man frage mich nicht, wie diese Prinzipien ihrerseits zu begründen sind. Wer Zweifel hat, frage sich, wie er bei einer Auseinandersetzung zwischen Individuen entscheiden würde.

Dieser Krieg war also nicht nur vermeidbar, er verletzt das Völkerrecht, er hätte nicht begonnen werden dürfen und müßte sofort gestoppt werden. Unvermeidlich war er nur, sofern die Amerikaner in Antizipation des Krieges eine

Militärmacht zusammengezogen hatten, die sie nicht leicht wieder zurückziehen und jedenfalls nicht warten lassen konnten. Man war nicht bereit, dem Saddam Hussein, der sich vor seinem Überfall auf Kuwait bei der amerikanischen Botschafterin rückversichert hatte, eine Brücke zur Vermeidung eines totalen Gesichtsverlusts vor seinem Volk und den übrigen arabischen Völkern zu bauen.

So wird die Situation in weiten Kreisen der islamischen Welt gesehen, und die westliche Welt sollte sich nicht einbilden, darüber leichtfertig hinweggehen zu können. Das aber läßt die Frage nach der Identität des berechtigten Rächers problematisch werden. Der Krieg ist zwar, vorläufig, von der UNO sanktioniert, aber er wird von den USA mit einigen westlichen Verbündeten geführt. Warum ist die Klärung des Kuwait-Problems nicht in erster Linie eine Angelegenheit der islamischen Welt?

Der Umstand, daß mehrere der nahöstlichen Staaten sich in die amerikanische Allianz eingereiht haben (statt eventuell umgekehrt) ist kein Gegenargument. Die Machthaber dort (die, wenn sie nur mehr Waffen hätten, leicht an Saddams Stelle treten könnten) verteidigen das eigene Überleben, nicht die Interessen ihrer Völker. An dem tragischen Beispiel Jordaniens ließe sich die wirkliche Situation gut veranschaulichen, aber dazu fehlen mir Zeit und Raum.

Wichtig ist zu sehen, daß dieser Krieg sich immer mehr zu einem Krieg zwischen der zwangshaften, sterilen Industriewelt, die sich »der Westen« nennt, ausweitet und der lebensvollen, industriell zurückgebliebenen, ölreichen und gedemütigten Welt des Islam, die eine große humanistische Tradition und genausoviel Aufklärungspotential hat wie der Westen. Wichtig ist zu sehen, wie sich auf seiten des Westens in die Leichtfertigkeit, mit der dieser Krieg geführt wird, rassistische Obertöne mischen.

Dabei war es Europa, wo in diesem Jahrhundert die schrecklichsten, die menschenverachtendsten und verbrecherischsten Kriege geführt wurden. Aber das Potential eines Europäers oder Amerikaners zur Überheblichkeit ist offenbar unerschöpflich. Kein Vietnam, kein Auschwitz hat zur Einsicht geführt, nur zu Gedenkstätten.

Ein Indiz dieser Haltung ist die Einstellung der Amerikaner zu den Verlusten dieses Kriegs. Der Krieg wird ausschließlich nach dem Prinzip geführt: Die eigenen Verluste müssen so niedrig wie nur irgend möglich gehalten werden. Die Tausende, vielleicht bald Hunderttausende, die nicht Amerikaner sind (die eigenen Truppen sind ohnehin hauptsächlich Farbige), zählen nicht. Menschen sind nicht gleich Menschen. »Das hat innenpolitische Gründe«, wird geantwortet. Gewiß, aber es ist signifikant für das Leid, das die Amerikaner bisher über Lateinamerika, über Vietnam und so weiter gebracht haben und mit dem sie von nun an die Welt überziehen werden.

Diese Einstellung ist tief im amerikanischen Selbstverständnis verwurzelt und wirkt sich in dem Maße verheerend aus, als die Amerikaner zuerst aus ihrem früheren Isolationismus herausgetreten sind und sich jetzt anschicken, eine neue Weltordnung herzustellen. Die USA haben eine große innenpolitische Tradition, vielleicht die am wenigsten schlechte, die es in der Moderne überhaupt gibt. Hier haben wir viel zu lernen. Aber die Idee von einem demokratischen Rechtsstaat war von vornherein fast ausschließlich innenpolitisch orientiert. Nach außen hin galten der Wilde Westen, die eigenen Interessen, nicht Menschenrechte.

Die amerikanische Unabhängigkeitserklärung beginnt mit dem tiefsinnigen Satz »*all men are created equal*«, aber in der außenpolitischen Praxis galt dann: »*some men are more equal than others*«. Es ist naiv anzunehmen, daß ein demokratischer Staat außenpolitisch gegen Ungeheuerlichkeiten gefeit ist. Die Amerikaner sind auf ihre selbsternannte Rolle eines Weltpolizisten so schlecht vorbereitet wie nur irgend möglich.

Zum Schluß dieses Abschnittes noch ein Wort zu Max Webers trefflicher Unterscheidung zwischen Gesinnungsethik und Verantwortungsethik. Der Unterschied zwischen diesen beiden Ethiken besteht darin, daß die erste bestimmte Prinzipien hochhält, egal, was die Konsequenzen sind (»ein Versprechen muß gehalten werden«), »ein Verbrechen muß bestraft werden«), die zweite hingegen auf die ethische Beurteilung der Konsequenzen sieht. Die angebliche moralische Begründung des jetzigen Krieges, wenn sie denn wirklich maßgebend wäre, wäre eine gesinnungsethische. »*Fiat justitia, pereat mundus.*«

Das Proportionalitätsprinzip hingegen ist verantwortungsethisch: Um ein Verbrechen wiedergutzumachen, darf man nicht noch ungeheuerlichere Verbrechen begehen. Tausende unschuldiger Kinder zu töten ist (auch wenn es nur Semiten sind) kein Kavaliersdelikt. Und das Risiko, die ganze Welt zu verseuchen, sollte man nicht eingehen, um ein gesinnungsethisches Prinzip angeblich zu wahren.

Die andere Begründung für den Krieg hingegen, er sei ein notwendiger Präventivkrieg, ist der Idee nach eine verantwortungsethische. Sie müssen wir jetzt überprüfen.

II.

Die zwei Gründe, die uns für diesen Krieg genannt werden – Wiedergutmachung und Prävention –, sind nicht so scharf geschieden, wie ich es oben nahelegte. Man kann sagen: Wir zwingen den Irak, sich aus Kuwait zurückzuziehen, und wir tun es, um *gleichzeitig* zu verhindern, daß er weitere Länder überfällt. (Der Zusammenhang besteht, aber ist natürlich kein logischer: Der Irak könnte sich aus Kuwait zurückziehen und trotzdem dann ein anderes Land überfallen.)

Meines Wissens sind Präventivkriege völkerrechtlich

nicht anerkannt, aus guten Gründen. Mit einer gesinnungsethisch nicht gezügelten Verantwortungsethik läßt sich viel Unheil stiften. Der Zweck heiligt die Mittel *nicht*.

Aber wir müssen hier aufs einzelne eingehen. Die wichtigsten weiteren Gefahren, die vom irakischen Expansionismus ausgingen, betrafen Saudi-Arabien und Israel. Diese Gefahren dürfen gewiß nicht bagatellisiert werden. Aber ihnen hätte mit verhältnismäßigeren Mitteln begegnet werden können, etwa indem kleinere amerikanische Kontingente in beiden Ländern stationiert worden wären. Das wäre vielleicht politisch nicht ganz leicht, aber doch möglich gewesen.

Man hört in Deutschland jetzt häufig folgende Überlegung: »Wir stehen in einem Dilemma. Einerseits sind wir für Israel, wir haben gegenüber Israel eine besondere Verpflichtung; andererseits sind wir für Frieden; beides schließt sich aus, das erste ist aber wichtiger, also müssen wir den Krieg bejahen.«

Aber erst einmal: Diese besondere Verpflichtung besteht in der Tat. Jeder objektive Beobachter würde das bejahen, ich sage es nicht als Jude. Die Deutschen haben versucht, die Juden auszurotten, Millionen sind umgekommen. Und jetzt ist deutsches Nervengas in den Irak gekommen. Der Weg mag indirekt gewesen sein, die Tatsache ist und bleibt furchtbar. Wenn man das Wort richtig versteht, muß hier von einer »Kollektivschuld« gesprochen werden. Damit meine ich (und man verdrehe mir das Wort nicht im Mund!): Wer, auch als Nachgeborener, zu einem Kollektiv gehört, das etwas Schlimmes getan hat, muß sich davon explizit distanzieren und entsprechend handeln.

Die Frage ist jetzt nur: Was heißt in diesem Fall »entsprechend handeln«? Doch wohl: ein besonderes Verantwortungsbewußtsein gegenüber dem anderen (bei Individuen ist es analog) haben, insbesondere wo es sich um Dinge handelt, die direkte Auswirkungen des eigenen schuldhaften Verhaltens sind. Es ist also nur richtig, wenn man in Deutschland sagt: »Wir sind für Israel, ja wir müssen es sein.« Die Frage ist nur: Was heißt es, für Israel sein?

Die Frage ist wieder analog, wie wenn man sich fragt: Was heißt es bei einem Individuum, für jemanden zu sein, zum Beispiel für jemanden, den man geschädigt, erniedrigt, verfolgt hat? Es gibt zwei Extremfälle (und viele Mischformen): Wird die Schuld, die man empfindet, nicht bewußt aufgearbeitet, dann ist sie nicht rational und kontrolliert. Das hat zur Folge, daß man sich zu seinem Gegenüber so verhält, daß man alles tut, was er glaubt, was man zu tun hätte. Man gibt also die Autonomie des eigenen Urteilens preis, und das Gegenüber hat so die Chance, die eigene Schuld zu manipulieren. Es gibt Menschen und auch Staaten, die auf dem irrationalen Schuldgefühl eines anderen virtuos wie auf einem Klavier spielen können. So tun es auch die Israelis mit den Deutschen.

Die andere Möglichkeit ist, daß man die Schuld rational aufarbeitet. »Es geht mir um ihn« heißt dann nicht mehr, daß ich mich den eventuell ihrerseits irrationalen Wünschen des anderen unterwerfe, vielmehr behalte ich mein autonomes Urteilsvermögen und frage: Wie kann ich dem anderen helfen, wo liegen seine wirklichen Interessen? (Damit nehme ich ihm natürlich nichts von seiner Autonomie.)

Die Juden selbst sind in dieser Frage gespalten. Die zionistische Mehrheit, besonders die Israelis selbst, sind der Auffassung, daß dieser Krieg ein Glück für sie ist, weil ein eventuell späterer Überfall durch Saddam verhindert wird. Natürlich verbindet sich damit der Wunsch, am eigenen Status quo nichts ändern zu müssen, besonders was die Anrainer betrifft und vor allem die von den Israelis geknechteten Palästinenser. Deswegen auch die Zurückweisung jeglicher Nahostkonferenz.

Die anderen, in der Hauptsache nichtzionistischen Juden argumentieren so:

1. Der Waffenstillstand muß sofort geschlossen werden, denn jeden Tag, den der Krieg länger geht, kann ein Giftgasangriff auf Israel erfolgen.

2. Auf den Einwand, daß die Iraker dann später Israel überfallen könnten, antworten sie: Erstens sind es die Israelis, die in der Region schon jetzt Atomwaffen haben, vor allem aber zweitens: Die Fixierung auf den Irak ist kurzsichtig. Der Haß auf Israel geht von Palästina aus und umfaßt die ganze islamische Welt. Wenn jetzt Saddam gestürzt wird und andere nahöstliche Staaten vom Westen hochgerüstet werden wie vorher der Irak, wird der Krieg gegen Israel später von einem anderen Land angeführt werden.

3. Der Haß der Mohammedaner auf Israel ist nicht unbegründet. Die Zionisten haben ihnen einen Teil ihres Landes geraubt, und seit der Gründung des Staates Israel 1948 ist das Verhältnis des offiziellen Israel zu den Arabern in ihrem Land und in den Ländern, die sie widerrechtlich besetzt halten, immer menschenverachtender geworden. Zwischenzeitlich gab es Annäherungen von palästinensischer Seite, die Anerkennung der Existenz des Staates Israel stand in Aussicht, aber das intransigente Verhalten von Israel hat die Palästinenser und die Mohammedaner überhaupt in eine so verzweifelte Lage zurückgestoßen, daß sie wieder ihre einzige Hoffnung in einen Krieg setzen. Das wird von Saddam ausgenützt. Es scheint ausgeschlossen, daß die Lage im Nahen Osten sich je stabilisieren wird, wenn Israel nicht von Grund auf umlernt.

Das ist nicht nur meine persönliche Ansicht. In Berlin gibt es, ebenso wie in Zürich, seit dem Überfall auf den Libanon eine sogenannte »jüdische Gruppe«, die sich auch (etwas überheblich vielleicht) »kritische Juden« nennt. Eine Anzahl der Mitglieder dieser Gruppe hat zwei Wochen nach dem Ausbruch des Krieges eine Erklärung abgegeben, deren Kernsätze lauten: »Sollten die USA nebst Verbündeten schließlich diesen Krieg gewinnen, wird langfristig die islamische Welt danach trachten, Israel atomar zu vernichten. Nur sofortiger Waffenstillstand kann weiteres Unheil verhindern. Ruhe und Sicherheit kann Israel auf Dauer nur erreichen, wenn den Palästinensern unter Anerkennung des jüdischen Staates das Selbstbestimmungsrecht zugestanden wird.«

Also die Sache wird auch unter den Juden kontrovers diskutiert. Bevor zu fragen ist, was das für die Deutschen bedeutet, möchte ich noch einen kurzen historischen Rückblick einschalten, weil in Deutschland so wenig über uns bekannt ist. Die Juden hatten, schon von ihrer Religion her, schon immer die Neigung, auf ihr Schicksal ethisch zu reagieren, aber es gab zwei extreme Möglichkeiten. Die einen sagen: »Wir wissen, was es heißt, eine verfolgte Minderheit zu sein. Das soll es nie und nirgends wieder geben. Das Wichtige ist, daß jeder ein Mensch ist, ein Kind Gottes, und nicht, ob er Jude, Christ oder Mohammedaner, Deutscher oder Pole ist.« Die anderen sagen: »Wir wollen sein ein Volk wie alle anderen. Wir wollen auch politisch eine Nation sein. Und unser oberstes Leitziel sollen nicht die Rechte der Menschen sein, sondern das Überleben und das Wohl unseres Volkes.«

Den ersten dieser jüdischen Wege – beide speisen sich natürlich aus Quellen der jüdischen Religion – will ich den universalistischen nennen. Dahin gehören alle großen jüdischen Humanisten wie Karl Marx, Sigmund Freud, Albert Einstein, Martin Buber und hunderte andere Namen, hunderttausende Namenlose. Der andere Weg, der »partikularistische« (Selbstbehauptung des jüdischen Volkes), wurde hauptsächlich durch den um die Jahrhundertwende aufkommenden Zionismus gefördert.

In Europa und Amerika hatte früher das sich universalistisch verstehende Judentum die Vormacht, auch noch nach 1933. Die Wende kam 1944, im letzten Kriegsjahr, als die großen jüdischen Organisationen in Amerika, die bis dahin mehrheitlich antizionistisch waren, verzweifelt zur Kenntnis nehmen mußten, daß England und die USA, die angeblich einen Krieg für das Gute und gegen die Naziverbrechen in Europa führten, nichts, aber auch nichts zur Rettung von Juden aus Europa zu tun bereit waren – und es wäre möglich gewesen; nicht ein einziges Flugzeug wurde von den Alliierten von der Bombardierung von Hamburg oder Dresden auf die nach Auschwitz führenden Bahngleise umgelenkt (vergleiche D. S. Wyman: »The Abandonment of the Jews; America and the Holocaust 1941-1945«, Pantheon 1984). Für die amerikanischen Juden war es niederschmetternd: Uns hilft niemand. In diesem Moment errangen die Zionisten die entscheidenden Mehrheiten in den amerikanischen jüdischen Organisationen.

Diese Wende ist nicht nur verständlich, sie war fast unvermeidlich. Weniger verständlich und vielleicht weniger unvermeidlich war die dann folgende progressive Radikalisierung des Partikularismus zunächst in Israel und, im Gefolge davon, auch bei der Mehrzahl der amerikanischen Juden.

Man sollte aber auch wissen, daß viele Juden vor, während und nach den Nazis sagten und sagen: Wir sind gegen den Zionismus, erstens weil diese nationale Ausdeutung ohne den Messias der jüdischen Tradition widerspricht, und zweitens, weil es nicht gutgehen kann, wenn man eine Staatengründung auf ein Unrecht aufbaut. Das Tragische an diesem letzten Punkt ist, daß für den Großteil der Juden (und der Europäer überhaupt) Palästina damals wie ein leeres Land erschien. Daß dort Araber lebten, erschien unerheblich. Das war die damalige europäische Mentalität. Aber heute sollten wir es besser wissen.

Nun sind diese zwei Strömungen im Judentum nicht wie getrennte Brüder. Auch entspricht der Partikularismus nicht einfach dem Zionismus. Es gibt Israelis, die sich die universalistische Denkweise erhalten haben. Doch sind sie in der Minderheit, und sie werden diffamiert.

Die nichtzionistischen Juden fühlen sich mit Israel solidarisch. Dieses Wort, ähnlich wie die Rede von einem Schuldgefühl, ist in zwei Richtungen zu verstehen. Die universalistisch denkenden Juden sagen zu den Israelis: »Wir fühlen mit euch. Aber wir haben nicht eure kurzfristigen Wünsche, sondern eure langfristigen Interessen im Auge. Diese können nur befriedigt werden, wenn ihr endlich auf die Interessen und Ängste auch der übrigen in Palästina Lebenden Rücksicht nehmt. Und das heißt, daß ihr euch auf den anderen Teil unserer jüdischen Tradition besinnen müßt. Ihr lebt von der Hand in den Mund. Ihr starrt immer nur auf die nächste Gefahr, trachtet sie zu überwinden, schafft dadurch neues Leid, und dann fängt alles wieder von vorne an. Wo soll das enden?«

Ich meine also: Langfristig gesehen (und das muß man endlich) ist, was für den übrigen Nahen Osten das Beste ist, auch für Israel das Beste und umgekehrt. Ist das zu idealistisch gesehen? Aber es ist ein einfacher Tatbestand: Wann immer mehrere zusammenleben müssen, seien es Personen oder Kollektive, können sie das auf Dauer nur, wenn sie die Knüppel beiseite legen und sich zu verständigen versuchen, wechselseitig ihre Interessen berücksichtigend. Das ist schwer, aber es gibt keine Alternative.

Nach diesem Exkurs über die innerjüdische Auseinandersetzung (der Sache nach ist er der Kern meiner Ausführungen) kehre ich zu dem Verhältnis der Deutschen zu Israel zurück. Mir ist dieser Tage häufig gesagt worden: »Das stimmt zwar alles. Aber Sie können das nur als Jude sagen. Wenn wir es sagten, würden wir in die ultrarechte Ecke geschoben werden, die leugnet, daß wir eine besondere Verantwortung gegenüber Israel haben.« Ich bin erschrocken. Wollt ihr sagen, so frage ich zurück, daß ihr demzufolge etwas sagen zu müssen glaubt, was ihr für falsch haltet? Und gibt es denn keine Objektivität? Das alles wird um so schlimmer, als es sich hier nicht einfach um Ansichten handelt, sondern um Meinungen, die für Deutschland handlungsbestimmend werden.

Ist es wahr, daß man alles perspektivisch sehen muß? Das Problem stellt sich wieder bei den Individuen genauso wie bei Kollektiven. Müssen die Art, wie ich mich selbst beurteile, und die Art, wie ein anderer mich beurteilt, ganz auseinanderfallen?

Dieser in der zeitgenössischen französischen Philosophie so populäre und in der heutigen jungen Generation so beliebte totale Relativismus ist natürlich Unsinn. Dann könnte ja nie eine Person eine andere um Rat fragen. Richtig hingegen ist: Wenn eine Person einer anderen ein Unrecht zugefügt hat, muß sie wissen, daß sie in Zukunft mit Ratschlägen *vorsichtig* sein muß. Häufig erteilt sie dann am besten gar keine. Auf der anderen Seite kann jedoch die zweite Person auch nicht von der ersten verlangen, daß sie nun alles tun solle, was sie, die zweite, wolle. Allemal – und das scheint mir das wichtigste zu sein – muß die erste Person in Ton und Form behutsam sein; einfach insofern, als deutlich werden muß, daß sie sich über ihre Schuld nicht hinwegsetzt.

In der Sache muß sie jedoch, wenn sie sich überhaupt einmischt, so unerbittlich objektiv zu sein versuchen, wie sie nur irgend kann, entgegen allen, auch den eigenen kurzsichtigen Interessen. Man erkennt natürlich die Situation eines Individuums oder die eines Kollektivs nie endgültig, aber man ist in dem Moment verloren, wo man sein Urteil bewußt (oder halbbewußt) durch sachfremde Motivationen ablenken läßt. Dann gibt man sogar den *Anspruch* auf, nach bestmöglicher Einsicht zu handeln.

Ich gebe also zu, daß es mir als Jude leichter fällt, gewisse Dinge zu sehen, aber entweder meine Ansichten sind falsch, oder auch ein nichtjüdischer Deutscher müßte die Sachen genauso sehen können. Nun habe ich oben zwischen der irrationalen und der rationalen Verarbeitung der Schuld gegenüber den Juden unterschieden. Aus dem Gesagten geht hervor, daß wenn sie rational verarbeitet wäre, die besondere Verantwortung, die die Deutschen aufgrund ihrer *Schuld* gegenüber Israel haben, mit der besonderen Verantwortung, die die universalistisch denkenden Juden aufgrund ihrer *Zusammengehörigkeit* gegenüber Israel haben, zusammenfallen müßte. Umgekehrt gilt natürlich, daß die irrationalen Wünsche der Israelis (die Durchsetzung ihrer kurzfristigen Interessen) mit den irrationalen Wünschen der Deutschen (die Schuldvergebung) eine verhängnisvolle Allianz eingehen.

Bleibt die Frage, warum die Deutschen die Schuld am Holocaust so irrational verarbeitet haben. Es ist diese irrationale Verarbeitung, die sie dazu disponiert, einzuknicken, wenn von den Israelis mit dem Finger auf sie gezeigt wird. Das Einknicken scheint ein allgemeineres Phänomen zu sein, es ist bei den Deutschen besonders stark, auch gegenüber den Amerikanern. Beides hängt mit dem Zweiten Weltkrieg und seinem Ende zusammen. Gegenüber den Amerikanern ist das Stichwort »Solidarität«. Sicher hat man gute Gründe, sich gegenüber den Amerikanern solidarisch zu verhalten, aber hier wiederholt sich die Frage, ob es nicht zweierlei Solidarität gibt, eine rationale und erwachsene und eine irrationale und infantile. Letztere kann im Politischen wie im Menschlichen verhängnisvoll werden.

Ich bin kein Sozialpsychologe und verstehe von diesen Mechanismen nicht viel. Wenn man sich außerdem die anderen westeuropäischen Länder ansieht, dann ist offenbar noch ein anderes Motiv bestimmend für dieses wie selbstverständliche Einschwenken ins Mitmachen in einem Unrechtskrieg. Hier werden Kuchen zu verteilen sein, ideelle und materielle, und keiner möchte da fehlen. Das zeigt erneut, wie groß die Macht der USA jetzt ist.

Für das Einknicken gegenüber den Juden könnte es aber noch einen weiteren Grund geben. Ich frage mich: Wieso ist die rationale Verarbeitung dieses Schuldbewußtseins dermaßen schwer? Gewiß, die Ungeheuerlichkeit des Geschehens war unvergleichlich. Aber es gibt vielleicht noch etwas anderes, das ich nur als Hypothese aussprechen will. Könnte es nicht sein, daß fortdauerndes irrationales Schuldbewußtsein und fortdauernder unterschwelliger Antisemitismus sich wechselseitig am Leben erhalten? Das schließt die These ein, daß ein verbreiteter unterschwelliger Antisemitismus in Deutschland fortdauert. Ich zögere, das zu sagen, weil ich keine empirischen Untersuchungen gemacht habe und weil ich selbst während meines vierzigjährigen Besuchs in diesem Land fast keinen Antisemitismus am eigenen Leib erfahren habe.

Ich möchte jedoch auf eine frappierende kleine Beobachtung hinweisen, die etwas betrifft, was in Deutschland universell verbreitet ist, und doch so insignifikant ist, daß sie niemanden ernsthaft kränken können sollte. Es kommt immer einmal vor, egal in welchem Land, daß unsereiner gefragt wird, ob er Jude sei. Das merkwürdige ist nun, daß in Deutschland und nur in Deutschland diese Frage immer so gestellt wird: »Sind Sie jüdischer Abstammung?«

Ich fühle mich dann immer etwas gekränkt und bin genötigt zu antworten: »Ich bin nicht nur jüdischer Abstammung, sondern Jude.« Jemand hat mir dieser Tage erklärt, man drücke sich so aus, weil man sich unter einem Juden, der weder religiös ist noch Bürger von Israel, nichts vorstellen könne. Aber erstens: Warum drücken sich dann nur die Deutschen so aus? Und zweitens: Muß es nicht genügen, daß wir selbst uns sehr wohl etwas darunter vorstellen können und daß zum Beispiel für mich (und wahrscheinlich für die meisten Juden) die jüdische meine einzige *unzweifelhafte* Identität ist?

So scheint es fast unausweichlich, eine andere Erklärung zu vermuten. Es könnte eine bestimmte höfliche Vorsicht sein, die den Deutschen diese umständliche Formulierung nahelegt. Das heißt dann, daß man jemandem zu nahe zu treten meint, wenn man ihn geradezu fragt, ob er Jude sei.

Aber warum? Ich kann mir das nur so vorstellen, daß der Fragende das Judesein als etwas Anrüchiges empfindet, als einen Makel. Dabei sind wir Juden so stolz und eingebildet darauf, Juden zu sein; wir kriegen das mit dem »auserwählten Volk« so schwer aus unserem System heraus, obwohl es doch ebenso unsinnig ist, wie daß ihr uns anrüchig findet. Aber wenn ihr wirklich fast alle so redet (»Sind Sie jüdischer Abstammung?«), wäre da nicht an einem eher harmlosen Punkt nachgewiesen, daß ihr meint, die Juden seien mit einem Makel behaftet?

Angenommen weiter (alles ein bißchen hypothetisch), daß das nur ein Symptom ist, ist es dann nicht wirklich verständlich, daß ihr das irrationale Schuldgefühl nicht aus dem System bekommt, weil es vielleicht so schwer ist, bestimmte scheinbar harmlose Vorurteile aus der Nazizeit und von weither loszuwerden, ähnlich schwer, wie es für uns ist, uns von dem von Anfang an auf uns lastenden Vorurteil, das auserwählte Volk zu sein, freizumachen? Ist dieses jüdische Vorurteil nicht zutiefst inhuman, und liegt es nicht auch der Einstellung Israels seiner islamischen Umwelt gegenüber zugrunde? Müßten wir Juden nicht sagen, daß hier unser Teil der Schuld liegt und daß unsere Arroganz und euer Antisemitismus zusammengehören?

Wir können, Deutsche wie Juden, den zugrunde liegenden Tatbestand vielleicht am leichtesten an einer so insignifikanten Stelle erkennen, weil alles allzu Signifikante so leicht zu irrationalen Ausschlägen führt. Solche insigifikanten Stellen könnten vielleicht einmal den Ansatz dafür bilden, sich wechselseitig nicht nur blind anzuerkennen, sondern einander zu verstehen, ohne unterschwellige Herabsetzung und ohne Beschönigung.

»Und nun willst du behaupten, daß hier der Grund dafür

liegt, daß wir für Israel in den Krieg ziehen wollen?« *Ein* Grund. Es gibt *keinen* objektiv einsichtigen moralischen Grund für diesen Krieg. Vielleicht sind viele auch unbewußt ein bißchen kriegslüstern und darin mit den Amerikanern, Engländern und Franzosen in einem Boot, die einen etwas expliziter, die anderen etwas verdrängter. Hauptsache, daß der Krieg wieder hoffähig geworden ist in Deutschland.

(1991)

Das Friedensproblem heute

I.

Worin besteht das Problem des Friedens? Wollen wir alle den Frieden, und geht es lediglich darum, wie er am ehesten zu erreichen ist? Der Golfkrieg hat erneut gezeigt, daß viele von uns offenbar etwas in sich haben, das den Krieg genießt. Krieg ist der Rückfall in das, was *status naturae* genannt wurde, in den Naturzustand, in dem, wie Hobbes sagte, der Mensch für den Menschen ein Wolf ist – eine Beschreibung, mit der zwar etwas Richtiges gemeint ist, die aber eine Beleidigung der Wölfe darstellt, denn weder Wölfe noch andere Tiere einer Gattung – außer eben den Menschen – bringen sich gegenseitig um.

Ich glaube, man kann verstehen, warum dies so ist. Andere Tiere befinden sich nicht in einem Zustand der Sozialisation. Die Sozialisation bringt den Menschen viele Vorteile, sie macht das Leben einfacher, sicherer und vielleicht kultivierter, aber sie impliziert auch, wie Freud gezeigt hat (und wie es außerdem auf der Hand liegt), daß die Menschen auf ihre Wildheit verzichten müssen, ein Verhalten, das wir bei Kindern beobachten können und das sicherlich – um es möglichst neutral auszudrücken – Teil unseres Seins ist, neben dem Zustand der Sozialisation und durch ihn verdrängt. So kann man begreifen, daß der Zustand, in dem erlaubt und sogar vorgeschrieben wird, was im bürgerlichen Leben am stärksten verboten ist – der Mord –, für uns etwas Faszinierendes behält. Wir alle haben Ungerechtigkeiten im Leben erlitten, manche mehr, manche weniger, und Töten ist die befriedigendste Rache. Kriege scheinen also unabhängig von der Einschätzung der Kriegsziele etwas gefühlsmäßig Positives für uns zu haben.

Es gibt einen zweiten Faktor, der mir nicht so universell

zu sein scheint wie der, den ich soeben beschrieben habe, aber ebenfalls ziemlich verbreitet ist; man kann ihn den Konkurrenzfaktor oder den Fußballfaktor nennen. Viele von uns begreifen sich nicht so sehr als Menschen, sondern als Mitglieder eines bestimmten Kollektivs, als Valencianer oder Berliner, Spanier oder Deutsche. Und wir begreifen uns nicht nur als Mitglieder dieses Kollektivs, sondern auch in Abgrenzung von und gegenüber anderen Kollektiven. Wenn dann diese Identifizierungen nicht friedlich nebeneinander existieren, was auch möglich wäre, sondern unter dem Aspekt der Über- und Unterlegenheit gesehen werden, dann steigt das Selbstwertgefühl eines Menschen, wenn sein Kollektiv, z. B. seine Nation, ein anderes besiegt, sei es in einem Spiel wie Fußball, sei es unter den uneingeschränkten Bedingungen des Krieges. Dieser zweite emotionale Faktor, der unsere Kriegsbereitschaft erhöht, könnte verringert werden, wenn es gelingen würde, daß die Menschen ihre Identität anders interpretieren. Dies geschieht, wenn sie sich zuerst als Menschen und erst dann als Mitglieder dieses oder jenes Kollektivs begreifen, und dies würde bedeuten, daß sie ihre besondere Identität als Mitglieder eines Kollektivs so verstehen, daß sie neben den anderen Kollektiven und nicht gegen sie steht. Wie läßt sich diese tolerante Auffassung der eigenen Identität erreichen? Wahrscheinlich so, daß das Selbstwertgefühl normalisiert wird, das heißt, wenn wir nicht mehr von Ressentiments beherrscht werden, also nicht mehr unter Minderwertigkeitsgefühlen leiden. Der Abbau des Gefühls, miß- oder verachtet zu werden, setzt seinerseits einen Abbau der Ungerechtigkeit in der Struktur der Gesellschaft voraus.

Der erste Grund, den ich angeführt habe, weswegen wir den Krieg genießen, nämlich der Wunsch nach einer Rückkehr zum Naturzustand, ließe sich ebenfalls durch einen Abbau der strukturellen Ungerechtigkeiten in unserer Gesellschaft verringern. Denn wenn wir Wildheit in erster

Linie wegen unseres Bedürfnisses nach Rache genießen und wenn dieses Bedürfnis den Ungerechtigkeiten entspringt, die wir erlitten zu haben meinen, dann würde ein Abbau der sozialen Ungerechtigkeit dazu beitragen, den Genuß des Naturzustands zu verringern.

In dem Ausmaß also, in dem das Problem des Friedens in einer menschlichen Neigung zum Genuß des Krieges besteht, könnte man sagen, daß die Friedensfrage ihre Antwort durch die soziale Gerechtigkeit finden würde.

Natürlich besteht das Problem des Friedens nicht allein in dieser Neigung. Aber ich wollte sie gleich zu Anfang erwähnen, weil sie häufig übersehen wird und weil sie doch eine notwendige, obwohl niemals ausreichende Bedingung für einen Krieg zu sein scheint. Es gibt insbesondere zwei weitere Bedingungen. Eine ist die Ideologie, in deren Namen der Krieg geführt wird. Ich meine damit den vorgegebenen Grund, weswegen ein Staat in den Krieg zieht, der in fast allen Fällen einen ethischen Sinn hat für diejenigen, die daran glauben: zum Beispiel, daß die anderen Ungläubige seien, oder daß sie etwas Böses machten oder gemacht hätten, wie es im Golfkrieg hieß. In früheren Jahrhunderten mußte der Grund nicht unbedingt ein moralischer sein, er konnte einfach im kollektiven Interesse der eigenen Nation bestehen, aber angesichts der wachsenden Brutalität und Totalität der Kriege dieses Jahrhunderts wird ein nicht moralischer Grund kaum noch akzeptiert. Die Tatsache, daß es für den Krieg immer einen ideologischen Grund geben muß und daß dieser in unseren Zeiten auch noch ein ethischer sein muß, ist bemerkenswert. Denn sie zeigt, daß die zwei Beweggründe, weswegen wir Kriege genießen, niemals stark genug sind, um für sich genommen den Ausbruch eines Krieges zu ermöglichen: obwohl die Menschen dazu neigen, mit einem Teil ihrer Persönlichkeit über die Rückkehr zum Naturzustand glücklich zu sein, ist die Abneigung dagegen in einem anderen Teil ihrer Persönlichkeit so stark, daß sie ohne einen vermeintlichen moralischen Grund nicht in den Krieg ziehen würden.

Die zweite zusätzliche Bedingung für den Ausbruch eines Krieges besteht natürlich in den Interessen von Machtgruppen wie der militärischen Führer eines Staates, der Industriellen, insbesondere der Waffenproduzenten, und natürlich der regierenden politischen Klasse. Darüber hinaus gibt es das, was letztere und dann auch das Volk selbst für die nationalen Interessen halten, und so war es sicherlich im jüngsten Krieg mit den Hegemonialinteressen der USA und auch den entsprechenden Interessen aller anderen Länder, die die Kriegskoalition bildeten.

Ich glaube also, daß diese drei Faktoren vorhanden sein müssen, damit es zum Kriegsausbruch kommt: erstens eine Veranlagung im Menschen, die immer vorhanden ist; zweitens als die eigentliche Wirkursache die Interessen der Mächtigen im Staat, und schließlich das ideologische Motiv. In einem demokratischen Staat können die Mächtigen keinen Krieg ohne das eigene Volk machen, und das heißt, sie können keinen Krieg machen, ohne das Volk von einer ideologischen Begründung zu überzeugen.

Die philosophische Tradition des sogenannten Problems des gerechten Krieges, was aber besser als das Problem des gerechtfertigten Krieges übersetzt würde, hat lediglich mit dem Aspekt zu tun, den ich den der ideologischen oder ethischen Begründung genannt habe. Ich muß an dieser Stelle zwei Dinge vorweg klarstellen:

Erstens könnte man denken, daß die Frage des gerechten oder besser gerechtfertigten Krieges einseitig sei, läßt sie doch die zwei anderen Kriegsursachen außer Betracht. Man muß jedoch sehen, daß die zwei anderen Ursachen nichts mit der Frage einer Rechtfertigung zu tun haben. Beide sind tieferliegende Bedingungen; die erste insbesondere bezieht sich nicht auf einen besonderen Krieg. Wer diese zwei Faktoren kritisiert, kritisiert nicht diesen oder jenen Krieg, sondern die allgemeine Bereitschaft zu einem solchen, die in einem Staat bzw. in seinen Machtgruppen vorhanden ist. Nur der Radikalpazifist beschränkt sich auf eine Kritik dieser zwei grundsätzlichen Faktoren, nämlich die psychologische Disposition und die Interessen der Mächtigen, weil es für ihn überhaupt keinen Grund geben kann, der einen Krieg rechtfertigen würde. Wir anderen, die von den Schrecken der Kriege überzeugt sind, aber glauben, daß in Ausnahmefällen ein Krieg oder eine Revolution gerechtfertigt sein kann, werden ebenfalls alles Mögliche tun, um den Einfluß dieser zwei Faktoren zu reduzieren: wir werden gerechte gesellschaftliche Strukturen verlangen, werden versuchen, die Macht der Mächtigen zu beschränken, und werden uns dafür einsetzen, daß diese Macht nicht so gestaltet ist, daß sie einen Krieg gegen Nachbarn oder andere Länder lukrativ erscheinen läßt. Aber zusätzlich zu alldem werden diejenigen, die keine Radikalpazifisten sind, sich auch mit der Frage beschäftigen, ob der angebliche moralische Grund gerechtfertigt ist.

Ich komme zum zweiten vorläufigen Punkt. In bezug auf den jüngsten Golfkrieg haben viele die Frage nach der Rechtfertigung gestellt. Viele andere haben sich darüber lustig gemacht; die Frage erschien ihnen antiquiert und von einem falschen Moralismus durchtränkt. Aber ich finde das nicht richtig. Einzig der Radikalpazifist hätte das Recht, von Anfang an die Frage nach der Rechtfertigung abzulehnen, weil es für ihn überhaupt keine Rechtfertigung geben kann, aber dann muß man sehen, daß der Radikalpazifist entweder eine Position bezieht, die dogmatisch und deswegen nicht gerechtfertigt ist, oder er muß den Beweis erbringen, daß alle Kriege prinzipiell ungerechtfertigt sind. Die Frage nach der Rechtfertigung ist also in jedem Fall unausweichlich.

Viele glauben, daß die Regeln des gerechten Krieges einen Verhaltenskodex bilden, der der mittelalterlichen Philosophie entstammt, und daß sie erstens ihrerseits nicht rechtfertigbar und außerdem auf einen modernen Krieg nicht anwendbar seien. Aber erstens ist die Mehrzahl dieser Regeln eben doch auf jeden Krieg anwendbar, und zweitens meine ich, daß wir diese Regeln nicht als etwas Heiliges oder Unantastbares ansehen sollten, sondern sie gemäß unserem eigenen besten Urteil zu neuem Leben bringen müßten. Der Bezugspunkt der Rechtfertigung solcher Regeln scheint mir zu sein, daß sie analog zu der möglichen Rechtfertigung eines gewalttätigen Verhaltens eines Individuums gegenüber anderen Individuen verstanden werden müßten. Man könnte einwenden, daß Individuen, im Gegensatz zu Staaten, sich zueinander immer unter den Bedingungen einer Gesetzlichkeit verhalten; aber das stimmt nicht: es gibt Notsituationen, und es gibt Beziehungen zwischen Menschen, in denen das Gesetz fast nicht interveniert, z. B. zwischen Ehepartnern. Wir meinen, daß eine Auseinandersetzung zwischen Ehepartnern nie gewalttätig sein, nie mit physischer Gewalt ausgetragen werden darf, aber gibt es keine Ausnahmen? Und dürfen nicht Kinder in Ausnahmefällen physische Gewalt gegen ihre Eltern anwenden?

Es sieht also so aus, daß man eine Analogie zwischen individuellem Verhalten und den Regeln des Verhaltens zwischen Staaten ziehen kann. Nehmen wir zwei traditionelle Regeln, die in der Theorie des gerechten Krieges eine zentrale Bedeutung haben. Die erste sagt, daß der andere Staat eine Ungerechtigkeit gegen den eigenen Staat begangen haben muß. Wir können hinzufügen: diese Ungerechtigkeit muß erheblich gewesen sein. Aber selbst dann ist die Kriegslösung nur legitim, wenn vorher alles unternommen worden ist, um eine Lösung mit nichtkriegerischen Mitteln herbeizuführen. Und die zweite Regel sagt, daß ein Krieg nur dann gerechtfertigt ist, wenn, soweit man vorhersehen kann, der Schaden, den er verursacht, nicht größer ist als der, den er beheben soll. Beide Prinzipien – daß die Untauglichkeit sämtlicher nichtkriegerischer Mittel erwiesen sein muß, und das Prinzip der Verhältnismäßigkeit – wurden offensichtlich während des jüngsten Golfkrieges verletzt. Er war also ein ungerechtfertigter Krieg. Die Gültigkeit dieser Prinzipien erscheint offenkundig. Der Sinn des ersten ist, daß man, bevor man Gewalt gegen jemanden anwendet, ihm die Gelegenheit geben muß, von sich aus das, was er getan hat, rückgängig zu machen – unter Druck gewiß, aber ohne Gewalt. Und zweitens können wir leicht sehen, daß wir dieselben Regeln im Falle eines Individuums anwenden. Wenn das Übel erheblich ist, erlauben wir – empfehlen sogar – die Anwendung der Gewalt als letztes Mittel (aber nur, wenn es das letzte Mittel ist und wenn nicht befürchtet werden muß, daß es üblere Konsequenzen haben wird als das Übel, das es beheben soll). Dieses Prinzip der Verhältnismäßigkeit schließt natürlich fast jeden Krieg unter heutigen Bedingungen aus und führt fast bis zur Position des Pazifisten, jetzt freilich nicht als dogmatischer Standpunkt, sondern rational begründet.

Nun gibt es andere Aspekte der Rechtfertigung eines Krieges, bei denen die Tradition des gerechten Krieges keine so klaren Antworten hat. Nach meiner Meinung dürften sie mit derselben Methode zu klären sein, das heißt unter Anwendung der Analogie des Individualfalles. (Theoretisch könnte man sich vorstellen, daß eine solche Analogie wegen des grundlegenden Unterschiedes zwischen einem Kollektivstreit und einem Individualstreit nicht besteht, aber in einfachen Fällen scheint die Analogie gültig zu sein.) Ich will zwei Aspekte nennen, die wichtig scheinen in der jetzigen Diskussion über den Golfkrieg und seine Folgen.

Erstens stellt sich die Frage, ob man die Pflicht hat, nicht nur auf ein Übel, das einem selbst zugefügt wird, zu reagieren, sondern auch einem Dritten zu helfen. Dies war die Frage in bezug auf das Übel, das Kuwait angetan wurde, es stellt sich aber auch in bezug auf die Kurdenkatastrophe.

Der Unterschied zwischen diesen zwei Fällen ist lediglich der, daß laut den Statuten der Vereinten Nationen die Souveränität eines Staates unantastbar ist. Wenn eine Regierung etwas Furchtbares innerhalb der eigenen Landesgrenzen tut, kann man nichts machen, so daß Kuwait unter Anwendung der Gewalt wiederhergestellt werden durfte, nicht aber die Sicherheit der Kurden. Dies wäre eine Beschränkung, die in der Tat keine Analogie im Individualfall findet. Sie ist in die Statuten der Vereinten Nationen aus dem einfachen Grunde eingegangen, daß diese Statuten von den Regierungen gemacht wurden, und jede Regierung hat ein Interesse an absoluter Souveränität. Die Regel besitzt keine ethische Substanz. Das Prinzip der Hilfeleistung als solches scheint auch im Individualfall Gültigkeit zu besitzen: wenn ich sehe, daß gegen jemand ein furchtbares Unrecht begangen wird, habe ich die Verpflichtung, mich einzumischen, notfalls mit Gewalt.

Aber hier greift ein anderes Prinzip, das sagt, daß, wenn ich das Übel durch das Gesetz beheben kann, das Gesetz als anonyme Institution immer Vorrang vor meinem individuellen Handeln hat. Es gibt eine ethische Regel, die sagt, daß, wenn wir aus dem Naturzustand heraustreten können, wir es auch müssen. Nun scheint dies eine Regel zu sein, bei der man sich fragen kann, ob sie nicht gegenwärtig von den Vereinigten Staaten grundsätzlich mißachtet wird. Sicher, die Vereinigten Staaten respektieren diese Regel an der Oberfläche. Die Institution, die die Kriegsfrage entscheiden müßte, sind auch für die Vereinigten Staaten die Vereinten Nationen. Aber die Politik der USA und die Anwendung der UNO-Beschlüsse zeigt, daß die Beteiligung der UNO, kaum verhüllt, nur dazu gedient hat, das, was in Wirklichkeit die Politik der USA gewesen ist, zu verschleiern. Außerdem unternehmen die Vereinigten Staaten nichts, um die Struktur dieser Institution zu reformieren, z. B. in ein Parlament mit zwei Kammern, ähnlich dem der demokratischen Systeme, und ohne das Vetorecht einiger weniger Mächte, ein Überbleibsel vom Ende des Zweiten Weltkrieges.

Ich glaube, daß man erstens sagen kann, daß, wenn wir ein solches Parlament hätten, das schon einer Weltregierung nahekäme, kein Einzelstaat das Recht hätte, unter dem Vorwand der Hilfeleistung für einen Teil der Staatsbürger Krieg gegen einen anderen zu führen; und zweitens, daß angesichts einer solchen Situation derjenige Staat, der die Macht hat, dies in die Wege zu leiten, auch die Pflicht hat, dazu beizutragen, die einzige Weltversammlung, die wir besitzen, in einen Körper mit echter Legitimation zu verwandeln und den so reformierten Vereinten Nationen die alleinige Macht der Einmischung in Streitigkeiten zwischen den Staaten und in extremen Fällen auch innerhalb dieser zu übertragen. Statt dessen scheint es so zu sein, daß die Vereinigten Staaten sich auf die Rolle des Weltsheriffs vorbereiten. Der Grund, warum wir die Einmischung einer legalen Institution der Einmischung von Individuen vorziehen, ist natürlich der, daß im Falle der Individuen allzu oft das, was Hilfe genannt wird, lediglich als Vorwand für egoistische Motive dient. Und dort, wo ein Individuum oder ein Staat nicht nur in einem bestimmten Fall Hilfe leistet, sondern diese Hilfestellung als seine allgemeine Politik definiert, wie die Vereinigten Staaten dies jetzt tun, erscheint diese große Macht, die allen helfen will, den Kleinen – und alle anderen sind klein – eher wie ein Riese, der macht, was ihm paßt.

II.

Mit den letzten Worten bin ich schon auf die aktuelle Problematik zu sprechen gekommen. Das Problem des Friedens ist das Problem des Friedens heute. Was sind die Friedensperspektiven in diesem Moment, und wie sollen wir den jüngsten Krieg interpretieren, was sind seine Folgen? Was sollten wir gelernt haben? Und welches sind die Prinzipien, die wir, Bürger europäischer Staaten, vertreten müßten? Ich will drei Punkte nennen.

Erstens: dieser Krieg wäre während der Periode der Bipolarität der Supermächte nicht möglich gewesen. Es ist eindrucksvoll, wie rasch der Westen seine Truppen gegen die Dritte Welt gerichtet hat, sobald die Zweite Welt ihr Gewicht verloren hatte. Es ist bemerkenswert, daß es eine Abrüstung weder gab noch gibt und daß im Gegenteil die westliche Welt sich auf eine Serie von Einmischungen in die Länder der Dritten Welt vorbereitet. Selbst die NATO wird zu diesem Zweck instrumentalisiert. In bezug auf unsere eigene Rüstung in den europäischen Ländern müßten wir zwei Prinzipien gegen diese Entwicklung aufstellen: erstens, wir müßten dahin kommen, jedweden Rüstungsexport zu verbieten, und nicht nur, wie man bis jetzt verlangt, den Rüstungsexport in Krisengebiete, sondern in alle Regionen, denn die Krisen werden durch den Export von Rüstung geschaffen, wie wir im Fall des Irak deutlich gesehen haben. Außerdem wird es, sobald die Situation in der Sowjetunion geklärt ist, keine Ausrede für die Anwesenheit irgendwelcher Waffen und Truppen in unseren Ländern mehr geben, außer einem nominalen Kontingent. Wir müßten also die vollständige Abrüstung verlangen.

Zweitens: ein erstaunliches Phänomen im Vorfeld des Golfkrieges war die Leichtigkeit, mit der fast alle Länder auf die Linie der USA eingeschwenkt sind. Ich glaube, daß es dafür zwei Gründe gibt. Erstens, diese Länder merkten, daß dort Beute zu machen war, sowohl im materiellen wie im ideellen Sinne. Es schien ihnen wichtig, sich an diesem imperialistischen Krieg zu beteiligen. Zweitens ist es evident, daß die USA Druck ausübten auf diejenigen, die zögerten (wie die Deutschen). Es ist bemerkenswert, wieweit die Vereinigten Staaten in der Lage sind, Druck auszuüben, gerade so, wie sie es auch vor einigen Jahren im Zusammenhang mit dem Referendum über den Eintritt Spaniens in die NATO taten. Wie genau dieser Druck ausgeübt wird, ist mir nicht klar; daß es ihn gibt, ist evident. Die Moral, die die Europäer aus dieser unwürdigen Situation ziehen müßten, ist, alles zu unternehmen, damit Europa lernt, sich als unabhängige Macht zu verstehen, die dazu beitragen könnte, die jetzt fast uneingeschränkte Macht der USA zu begrenzen. Wenn eine Person gegenüber anderen Personen oder ein Staat gegenüber anderen Staaten über eine unvergleichliche Macht verfügt, bedeutet dies, daß diese Person bzw. dieser Staat eine Gefahr für die anderen darstellt, unbeschadet seiner möglicherweise guten Absichten. Deswegen sind die Vereinigten Staaten in der heutigen Situation die Gefahr Nummer 1 für den Frieden in der Welt, und noch ist nicht auszumachen, welche Position die anderen Staaten einnehmen werden, um sich davor zu schützen. Erpressung in verschiedenen Formen wird wichtiger als die unmittelbare Gewaltanwendung sein. Diese jetzige Situation ist eine Phase, die anders nicht hätte kommen können, sobald die Bipolarität zu Ende war. Sie kann nicht ewig dauern, aber die Übergangszeit ist voller Gefahren.

Drittens: die Gefahren bestehen insbesondere für die Dritte Welt. Die Chance der Vereinigten Staaten liegt darin, daß ihre Interessen und die der Europäer in diesem Punkt übereinstimmen. Die ganze nördliche Welt hat sich gegen die Länder des Südens vereint. Dieser Antagonismus ist in erster Linie ökonomischer Natur: die nördliche Welt wird sich mehr denn je in eine Festung gegen die südliche Welt verwandeln. Die Devise lautet: auf gar keinen Fall die Dritte Welt an den Reichtümern teilhaben lassen, vielmehr diese Reichtümer für sich behalten und vermehren; die südliche Bevölkerung in ein noch tieferes Elend herabsinken lassen; einen gerechten Markt für Rohstoffe ablehnen; ungerechtfertigte Interessen durchsetzen; Abschottung gegen jede

Einwanderung. So wird das vordringlichste Problem nicht der Friede, sondern die Gerechtigkeit sein, die Hauptgefahr die der weiteren Vermehrung des Wohlstands in einem Teil der Erde auf Kosten des anderen; und Kriege werden lediglich als *ultima ratio* dienen, um das zu erreichen, was man im Normalfall durch ökonomischen Druck erreicht.

Was tun? Es ist sehr schwierig, diese Frage zu beantworten, denn das Problem der globalen Gerechtigkeit ist ein moralisches Problem, und die Moral spielt gewöhnlich keine Rolle im Handeln der Staaten. Eigeninteressen, die mit den ethischen Geboten übereinstimmen, wären erforderlich. Dies war zum Teil die Situation in den sechziger Jahren, als viele Staaten ihren ehemaligen Status als Kolonien loswurden und die Supermächte um die Gunst der Dritten Welt wetteiferten. Es ist das Kennzeichnende und Bedrückende der heutigen Situation, daß das Interesse der nördlichen Welt an der Gewinnung der Sympathien der weniger entwickelten Staaten in dem Moment endgültig verschwand, in dem die Sowjetunion sich zurückzog. Ich habe kein Rezept dafür, wie man diesen Prozeß aufhalten könnte, so schrecklich er für Tausende von Millionen ist. Noch sieht man nicht die Strafen, die die Länder des Nordens erwarten, wenn sie in ihrem ungerechten Verhalten fortfahren. Trotzdem hat es einen gewissen Sinn, wenigstens die Situation zu sehen, wie sie ist. Außerdem sei an das erinnert, was ich über die (vermeintliche) ethische Begründung gesagt habe: daß sie zu jeder kriegerischen Handlung dazugehört, aber auch zu jeder politischen Handlung überhaupt. Die nördlichen Staaten versuchen, sich ein ruhiges Gewissen in bezug auf die wirtschaftlich weniger entwickelten Länder zu verschaffen, und eines der wenigen Dinge, die wir tun können, ist, ihnen dieses gute Gewissen zu nehmen. Wir sollten darauf hinweisen, welche Handlungen dem Gebot der Gerechtigkeit entsprechen würden. In erster Linie würde es sich dabei um ein gerechtes weltwirtschaftliches System handeln. Der Golfkrieg hat gezeigt, daß, wenn die westlichen Staaten es wollen, sie ohne Schwierigkeiten enorme Geldsummen flüssig machen können, die produktiv eingesetzt werden könnten. Ein zweiter Punkt wäre, daß die westlichen Staaten sich der Einwanderung bedingungslos öffnen. Die Vorstellung, daß das Problem der Gerechtigkeit als nur innerstaatliches verstanden werden kann, wie noch John Rawls in seiner *Theorie der Gerechtigkeit* angenommen hat, ist überholt; Gerechtigkeit ist etwas, worauf alle Menschen Anspruch haben. Die Tatsache, daß jemand auf der anderen Seite der Grenze geboren wurde, kann nicht den Ausschlag dafür geben, ihm seine Rechte hier abzusprechen. Die ausgrenzenden Einwanderungsgesetze verletzen also die grundlegenden Menschenrechte, sobald wir begreifen, daß diese Rechte keine innerstaatlichen sind. Wir haben uns daran gewöhnt, diese Rechte als Verfassungsrechte anzusehen, aber sie sind auch in der Universellen Menschenrechtserklärung der Vereinten Nationen enthalten, und als universelle müssen sie auch angesehen werden gemäß den grundsätzlichen Normen der Ethik. Ich erinnere mich, wie ich, als vor dreißig Jahren ein Freund – bezeichnenderweise aus der Dritten Welt – mir zum ersten Mal die Vorteile einer Völkermischung darlegte, instinktiv zurückwich. Erst später wurde mir klar, daß mein damaliges Verhalten von dem typischen europäischen Chauvinismus geprägt war. Die Angst, die viele Europäer vor jener Vorstellung haben, ist grundlos, eine echte Mischung wird nicht stattfinden, denn fast alle Menschen neigen dazu, bei den ihrigen und in ihrem Land zu bleiben, selbst wenn sie Nachteile in Kauf nehmen müssen. Dennoch wäre eine erhebliche Mischung nicht nur die Auswirkung einer gerechten Einwanderungspolitik, sondern würde sich ihrerseits günstig auf die friedliche Disposition der Völker auswirken. Ich habe anfangs versucht zu zeigen, daß eine der Bedingungen der Kriegsbereitschaft eines Volkes ist, daß Menschen eine aggressive eigene Identität haben. Wenn es eine Mischung vieler Völker innerhalb eines Staates gäbe, wäre die Entwicklung einer solchen Identität erschwert.

Zum Schluß möchte ich noch einmal hervorheben, daß der Bezugspunkt des Großteils meiner Bemerkungen über den Frieden die Gerechtigkeit war. Wir haben gesehen, daß das Grundproblem der internationalen Politik heute die Ungerechtigkeit ist, daß Kriege sich ergeben aus dem Bemühen, Ungerechtigkeit zu festigen und zu erweitern, und daß sie selbst lediglich den Stellenwert einer *ultima ratio* besitzen. Aber wir haben auch gesehen, daß die zwei unterschwelligen Bedingungen, die zu der Bereitschaft eines Volkes, in den Krieg einzutreten, beitragen – das Interesse an einer Rückkehr zum Naturzustand und die partikularistische, aggressive Identifikation mit dem eigenen Kollektiv –, geschwächt werden würden, wenn eine gerechtere Gesellschaft etabliert würde. Schließlich hat das Interesse der Mächtigen an Kriegen auch immer etwas mit Ungerechtigkeit zu tun. In diesem Fall handelt es sich nicht um Ungerechtigkeit als einen inegalitären Zustand der Gesellschaft, sondern um eine geistige Haltung. Platon benutzte dafür den Begriff Pleonexia, den man als den Wunsch, immer mehr zu haben, übersetzen könnte, mehr als früher und mehr als die anderen. Eine Person, die von diesem Gefühl beherrscht wird, ist ungerecht. Und alle Personen an der Macht, die unter bestimmten Umständen versuchen, einen Krieg zu lancieren, tun dies aus diesem Grund. Und wenn es uns gelänge, eine gerechte Gesellschaft zu etablieren, wäre die Pleonexie zwar nicht überwunden, aber doch etwas domestiziert. Allerdings sind dies utopische Bemerkungen; denn wir wissen nicht, wie sie zu verwirklichen sind.

Ich will mit einer Frage schließen, auf die ich keine Antwort habe, und ich fürchte, wir alle haben keine Antwort auf sie. Die Friedensproblematik ist die Problematik von Leben und Tod, und deswegen ist es ein Problem, das unser Eigeninteresse betrifft, freilich unser kollektives Eigeninteresse. Die Frage des Überlebens hängt aber von der sozialen Gerechtigkeit ab, die ihrerseits kein Problem des Eigeninteresses, sondern ein ethisches Problem ist. Dieses ethische Ziel – die soziale Gerechtigkeit – wird wiederum nicht verwirklicht, wenn es nicht gelingt, Eigeninteressen – und das heißt ökonomische Interessen – zu finden, die mit den ethischen Geboten übereinstimmen. Und dies ist also die Frage nach unserem Überleben, auf die wir keine Antwort haben. Der Marxismus glaubte, sie gefunden zu haben. Marx behauptete, daß erstens eine kollektive Wirtschaft der kapitalistischen Wirtschaft überlegen sei und daß zweitens die Kollektivwirtschaft zur Gerechtigkeit führe. Der Glaube der Marxisten und von Marx selbst an diese Überzeugungen war so stark, daß sie meinten, keine Gerechtigkeitstheorie, kein normatives Konzept der Ethik zu benötigen. Die Realität, das heißt das Ökonomische, würde ihnen zufolge zwangsläufig zu dem Gerechten führen, und deswegen brauche man kein gesondertes Konzept von Gerechtigkeit zu entwickeln. Marx machte sich über das Normative lustig. Trotzdem war die Motivation der Mehrzahl der Marxisten immer der Wunsch nach Gerechtigkeit, auch wenn sie eher implizit als explizit gewesen ist. Der gegenwärtige Niedergang des Marxismus ist ein weiterer Faktor in der Friedensfrage heute, in einem positiven, aber auch in einem negativen Sinne. Ich sehe das Positive in der notwendigen Ernüchterung gegenüber den Behauptungen, die ich soeben erwähnt habe. Die ehemaligen Marxisten haben endlich gemerkt, daß die These, eine Kollektivwirtschaft sei der kapitalistischen ökonomisch überlegen, wie auch die These, daß in einer Kollektivwirtschaft die soziale Gerechtigkeit sich automatisch realisiere, falsch sind, erstens, weil sie im sogenannten real existierenden Sozialismus nicht verifiziert worden sind, und zweitens, weil sich andere Modelle nicht ausmachen lassen, die diese Thesen verifizieren würden. Es ist etwas Positives, sich von Illusionen zu befreien. Aber zweitens, diejenigen, die Marxisten gewesen sind, neigen heute dazu, gleich alle ihre alten Glaubensgehalte zurückzuweisen und damit auch ihren Einsatz für die Gerechtigkeit, und darin sehe ich das Negative in der Krise des Marxismus. Aus dieser Krise sollten wir nicht nur die ethische Vorstellung von Gerechtigkeit retten, sondern auch das, was mir ein bleibender Beitrag von Marx zu sein scheint, nämlich begriffen zu haben, daß die Gerechtigkeit sich nicht mit Moralpredigten verwirklichen läßt, sondern nur dann, wenn die entsprechenden wirtschaftlichen Motive gefunden werden. Wir sehen uns also vor zwei gegensätzlichen Irrtümern in bezug auf diese Einsicht von Marx. Der erste, der traditionelle Irrtum, wäre zu meinen, daß wir aus purem ethischen Bestreben irgend etwas auf einer relevanten Gesellschaftsebene erreichen könnten. Der zweite ist der Irrtum von Marx selbst, der glaubte, daß Moral und Ökonomie so eng miteinander verbunden sind, daß wir die ethische Dimension als eigenständiges Element unseres Handelns außer acht lassen könnten. Dieser Abschied von der Moral und der Problematik der Menschenrechte hat, wie man weiß, verhängnisvolle Auswirkungen in der Entwicklung des sogenannten real existierenden Sozialismus gehabt. Wir dürfen und können uns nicht von der moralischen Dimension als eigenständiger Dimension verabschieden. Auf der anderen Seite: wenn wir an der Moral als eigenständiger Dimension festhalten, ergibt sich erneut die Frage, wie wir die Verbindung zwischen ethischen Zielen und der Funktion der Ökonomie herstellen. Wir wissen, daß die kapitalistische Wirtschaft, die ökonomisch stärker als jedes andere System zu sein scheint, intrinsisch ungerecht und kriegsverursachend ist, von allen den Frieden gefährdenden Faktoren der bei weitem größte. Wir müssen also den ethischen Traum der Gerechtigkeit – schon aus Überlebensinteresse, wenn nicht um seiner selbst willen – beibehalten; wir müssen aber auch die Überzeugung von Marx beibehalten, daß die Gerechtigkeit nicht ohne eine entsprechende Wirtschaftsform zu verwirklichen ist, und wir wissen *nicht*, wie das kapitalistische System modifiziert oder eine neue Form nichtkapitalistischer Wirtschaft errichtet werden könnte, die ökonomisch effizient wäre *und* die gleichzeitig die Gerechtigkeit verwirklichen ließe. Dies scheint mir der Kern des Friedensproblems heute zu sein.

(*1991*)

Aus dem Spanischen von Ruth Stanley

Die Singer-Debatte

Zu Rainer Hegselmann und Reinhard Merkel (Hrsg.):
Zur Debatte über Euthanasie, Frankfurt 1991 (stw 943)

Gibt es eine Singer-Debatte? Eigentlich nicht, denn eine Debatte besteht aus Argumenten für und wider. Hier hingegen wird von der einen Seite kaum argumentiert, sondern die Diskussion selbst diffamiert und verhindert. Lehrveranstaltungen, die das Buch von Peter Singer *Praktische Ethik* auch nur mit behandeln, können seit 2 Jahren in Deutschland nicht stattfinden. In einigen Aufsätzen in diesem Band (Hegselmann, Anstötz, Singer) erfährt der Leser einiges über das erschreckende Ausmaß von Verunglimpfungen, Verdrehungen und gefälschten Zitaten, die einen Teil der Kampagne gegen den Gast aus Australien und seine Gastgeber bildeten.

Das Buch ist in zwei Teile gegliedert. Der erste enthält Beiträge zur Sache, der zweite zur sogenannten »Debatte«. Vielleicht hätte der Band noch an Wert gewonnen, wenn auch die Gegenseite zu Wort gekommen wäre. Die Herausgeber schreiben, das Buch sei »in gewisser Weise parteiisch«. Das betrifft aber nur den entscheidenden Punkt, daß alle – auch der einzige Aufsatz, der Singers Position in fast jeder Hinsicht verwirft, von R. Wittmann – mit Entschiedenheit für das Recht auf Redefreiheit und die Notwendigkeit der Diskussion einstehen. Ansonsten werden z. T. stark divergierende Positionen vertreten. Die meisten Aufsätze lesen sich spannend.

Mit Bezug auf den zentralen Punkt in der Diskussion über Euthanasie von Neugeborenen, den man endlich auch unabhängig von Singer diskutieren sollte, ist der Großteil der Aufsätze freilich ebenfalls einmütig: schwerstbehinderte Neugeborene, deren Aussicht nur in Qualen und nicht in Heilung besteht, muß man sterben lassen. Die Beiträge von H. Kuhse und R. Merkel stellen die Verlogenheit derer heraus, die, was längst praktiziert und auch juristisch geduldet ist, gleichwohl deklamatorisch verwerfen. Man sieht noch zu wenig, daß das zum Leben Verdammtsein dieser Unglücklichen nur die Folge der kirchlichen Lehre von der absoluten Heiligkeit des Lebens ist. Sie ist nicht unbedingt christlich, denn ist nicht der christliche Gott gnädig, kann er Grausamkeit gebieten? Für eine säkularisierte Ethik kann, wie Helga Kuhse hervorhebt, *das Leben* keinen Stellenwert haben, sondern nur *die Lebenden*, die Interessen der Individuen. Mehrere der Autoren zeigen in diesem Zusammenhang, wie unangemessen hier das Recht zum Leben ist, weil dieses von niemandem bestritten wird. Es geht vielmehr darum, daß in diesen Extremfällen auch das Recht zum Sterben anerkannt werden muß, das sich unmittelbar aus dem Recht zur Erfüllung grundlegender Interessen ergibt.

Mehrere der Autoren verweisen darauf, wie pervers die Gleichsetzung von Singers Frage, ob das Leben noch *für das Individuum* lebenswert ist, mit der Formulierung der Nazis vom »lebensunwerten« Leben ist, *gegen* die Innensicht der Individuen. Wenn wir überhaupt genötigt sind, zwischen Qual und Leben abzuwägen (und wir sind es eben manchmal, entweder für uns selbst oder für andere, die sich nicht äußern können), ist die Frage, ob so ein Leben für das Individuum noch lebenswert ist, unumgänglich, egal ob man dieses Wort benützt oder ein anderes.

Bei der weiteren Frage, ob man in diesen Fällen das Kind nur sterben lassen muß (nicht etwa nur darf, es ist eine moralische Pflicht, es sterben zu lassen) oder ob man es auch aktiv töten soll, sind die Autoren verschiedener Meinung. Diese Frage wird in diesem Band nirgends vertieft. Diejenigen, die die aktive Euthanasie verwerfen, argumentieren eher traditionell: man *mache* eben so eine Unterscheidung. Das Gegenargument lautet: die Unterscheidung ist begrifflich nicht durchzuhalten und die passive Euthanasie verlängert meist nur die Qualen.

Eine weitere Frage, die die entsetzte Reaktion auf Singer in Deutschland verständlicher macht, ist, ob gegebenenfalls Föten abgetrieben oder gar Neugeborene getötet werden dürfen, auch wenn das nicht aus ihrer eigenen Perspektive geschieht, sondern aus dem Gesichtspunkt der Belastung der Familie. Das Standardbeispiel ist die Trisomie 21 (Mongolismus). Dieser weitere Schritt wird von keinem der Autoren befürwortet und in diesem Buch kaum diskutiert. Man muß es jedoch tun, und ich möchte folgendes zu bedenken geben: 1. Dieser Schritt ist bei Singer klar von dem ersten unterschieden; es ist deswegen unfair, wenn bei den Vorwürfen gegen ihn die beiden Schritte immer durcheinandergeworfen werden. Es steht jedem frei, den ersten zu akzeptieren und den zweiten zu verwerfen. Erst bei dem zweiten Schritt (bei dem es nur um Dürfen, nicht um Sollen geht) ist für Singer der Umstand grundlegend, daß die Neugeborenen noch keine »Personen« sind, d.h. noch kein bewußtes Verhältnis zu ihrer Zukunft haben und deswegen ein schmerzfreier Tod erlaubt sein könnte. 2. Die scharfe Zäsur, die man üblicherweise zwischen Föten und Neugeborenen macht – also die Geburt –, ist wahrscheinlich vernünftig, aber keineswegs unproblematisch, und nur das ist der Grund, warum Singer hier nicht nur von in dieser Weise begründeten Abtreibungen spricht. 3. Es ist heute allgemein anerkannte (und juristisch zugelassene) Praxis (viele, die sich über Singer entrüsten, befürworten sie), daß bis zur 22. Woche abgetrieben werden darf, auch wenn nicht nur Schwerstbeschädigungen, sondern solche Befunde wie Trisomie 21 festgestellt werden. Und trotz so massiver Inkonsistenz soll nicht diskutiert werden dürfen!

Ein großes Gewicht in den Auseinandersetzungen um Singer hatten die Reaktionen einiger Behindertenverbände. Zwei der Artikel in diesem Buch – die von D. Birnbacher und U. Wolf – gehen auf die besonderen Ängste und Argumente der Behinderten ein, und das ist wichtig. Birnbacher meint, daß man aus utilitaristischen Gründen die verletzten Reaktionen der Behinderten, auch wenn man sie für unberechtigt hält, berücksichtigen müsse. Im Sinn einer Rücksichtnahme natürlich, aber wenn das die ethische Argumentation als solche beeinflussen würde, wäre das natürlich das Ende jeder Ethik. Birnbacher hält sich selbst entgegen: dann »wäre der Utilitarismus auf die ultrakonservative Strategie festgelegt, auch krasse gesellschaftliche Mißstände so lange befürworten zu müssen, wie ihre Beseitigung empfindliche Gemüter verletzen könnte«. Das scheinbar starke Argument, das von Behinderten immer wieder vorgebracht wird, lautet: »Hätte es diese Methode früher gegeben, wären wir umgebracht worden.« Das ist schon deswegen falsch, weil, im Unterschied freilich zu dem weitergehenden zweiten Schritt von Singer, keiner der Autoren dieses Bandes an überlebensfähige Neugeborene denkt. Das globale Wort »Behinderte« ist extrem irreführend. Das Argument hat also nur einen Stellenwert gegen die selektive Abtreibung. Aber auch dagegen gibt Ursula Wolf in ihrem äußerst lesenswerten Beitrag zu bedenken: »Nehmen wir an, eine Gesellschaft einigt sich darauf, daß wegen Überbevölkerung künftig niemand mehr als zwei Kinder haben sollte. Impliziert das, daß damit den bereits existierenden Drittgeborenen, Viertgeborenen usw. das Lebensrecht abgesprochen wird?«

Sie zeigt auch, daß die von manchen Behinderten zusätzlich vertretene noch extremere Position der Ablehnung einer künftigen Heilung durch pränatale Gentechnik darauf hinausliefe, die Idee von Medizin und Heilung überhaupt in Frage zu stellen, nach dem Motto »möglichst viele sollen so behindert bleiben, wie wir es sind«.

Am Ende des Buches ist eine von deutschen Philosophen unterschriebene Solidaritätserklärung abgedruckt, die gegen die Verhinderung der Diskussionsfreiheit protestiert, »ohne damit für oder gegen die Singerschen Thesen selbst Stellung zu nehmen«. Es ist bemerkenswert, daß das eine Angelegenheit der Berufskollegen geblieben ist und die deutsche Öffentlichkeit als ganze, in einer Angelegenheit, die keineswegs eine spezielle der Philosophen ist, so gleichgültig auf diesen schweren Verstoß gegen die verfassungsmäßig verbürgte Rede- und Wissenschaftsfreiheit reagiert. Dieselben, die sich in der 68er Zeit gegen *begrenzte* symbolische Regelverletzungen entrüstet haben, nehmen es jetzt hin, daß die Diskussion zu einem gesellschaftlich eminenten Thema effektiv *verhindert* wird. Wie kommt das? Es wäre in der Tat makaber, Veranstaltungen gegenüber Behinderten polizeilich schützen zu lassen, aber erstens hat das bisher niemand gefordert, zweitens ist es bedenklich, daß Behindertenverbände die besonderen Schuldgefühle in der Gesellschaft ihnen gegenüber für ihre Aktionen instrumentalisieren, obwohl es doch ihr erklärtes Ziel ist, als Bürger mit gleichen Grundrechten und Pflichten anerkannt zu werden.

Nur im deutschsprachigen Raum reagieren die Behinderten so. Voriges Jahr mußte ein internationaler medizinethischer Kongreß von Bochum ins holländische Maastricht verlegt werden, wo er dann friedlich stattfinden konnte. Die auf der Hand liegende Erklärung, daß man in Deutschland nach den Verbrechen, die die Nazis unter dem Euphemismus »Euthanasie« begangen haben, auf jede echte Euthanasie-Debatte besonders empfindlich reagieren muß, ist richtig, aber reicht nicht aus. Die Holländer finden diese Verbrechen nicht weniger entsetzlich als die Deutschen. Mir scheint: der Grund dafür, daß die Deutschen und nur die Deutschen dafür sorgen bzw. es zulassen, daß die offene Diskussion zu dieser dringlichen Frage verhindert wird, verweist in der Tat auf die Nazi-Vergangenheit, aber er liegt tiefer. Auffallend ist doch das Ausmaß an Irrationalität und

Intoleranz, die Verdrehungen und die Unfähigkeit zu differenzieren auf der Seite der Diskussionsgegner. Ich vermute, daß es die unaufgearbeiteten, immer noch verdrängten Schuldgefühle sind, die hierzulande eine so starke Tendenz erzeugt haben, traditionelle und bislang unreflektierte ethische Überzeugungen zu tabuisieren und eine tolerante Diskussion, wie sie in einer demokratischen Gesellschaft selbstverständlich sein sollte, zu verhindern. Ähnlich sieht es auch Singer selbst; man vergleiche seinen Beitrag in diesem Band und seinen Aufsatz in der *New York Review of Books* vom 15. August »On Being Silenced in Germany«, ein treffender und uns beschämender Titel. (*1991*)

Nachweise

Rückblick im Herbst 1991: als Einleitung für diesen Band geschrieben.

Gegen die autoritäre Pädagogik. Streitschrift gegen die Thesen »Mut zur Erziehung«: *DIE ZEIT*, 2.6.1978, S. 48.

Zigeuner und Juden: Vorwort zu Tilman Zülch (Hrsg.): *In Auschwitz vergast, bis heute verfolgt. Zur Situation der Roma und Sinti in Deutschland und Europa*, Reinbek 1979, S. 9-11.

Rationalität und Irrationalität der Friedensbewegung und ihrer Gegner. Versuch eines Dialogs: Verlag und Versandbuchhandlung Europäische Perspektiven GmbH *(Schriftenreihe des Arbeitskreises Atomwaffenfreies Europa e.V., Bd. 7)*, Berlin 1983.

Die Bundesrepublik ist ein fremdenfeindliches Land geworden. Rede in Bergen-Belsen gegen die Abschiebung von Yezidi: Vorwort zu Robin Schneider (Hrsg.), *Die kurdischen Yezidi. Ein Volk auf dem Weg in den Untergang*, Kassel 1984, S. 9-11.

Asyl: Gnade oder Menschenrecht?: *Kursbuch 86* (1986), S. 172-176; auch in: K. Barwig und D. Mieth (Hrsg.), *Migration und Menschenwürde*, Mainz 1987, S. 76-82.

Gegen die Abschiebung in den Libanon. Rede auf einer Protestversammlung in der Reformationskirche Berlin am 21. Januar 1987: *Kirche aktuell*, Berlin, Februar 1987, S. 27-29.

Als Jude in der Bundesrepublik Deutschland: Loccumer Protokolle 66 (1987): *Geschichte – Schuld – Zukunft*. Evangelische Akademie Loccum, 1988, S. 6–8.

Das Euthanasieproblem und die Redefreiheit: *taz*, 6.6.1990.

Der Golfkrieg, Deutschland und Israel: *DIE ZEIT*, 22.2.1991, S. 62 f.

Das Friedensproblem heute: Vertrag in Valencia am 30.4.1991; deutsche Fassung in: *Kursbuch 105* (1991), S. 1-12.

Die Singer-Debatte. Zu Rainer Hegselmann und Reinhard Merkel (Hrsg.): *Zur Debatte über Euthanasie*, Frankfurt 1991 (stw 943): *DIE ZEIT*, 18.10.1991, S. 47.

Neue Historische Bibliothek
in der edition suhrkamp

»Hans-Ulrich Wehlers fast aus dem Nichts entstandene ›Neue Historische Bibliothek‹ ist (...) nicht nur ein forschungsinternes, sondern auch ein kulturelles Ereignis.« Frankfurter Allgemeine Zeitung

Abelshauser, Werner: Wirtschaftsgeschichte der Bundesrepublik Deutschland. NHB. es 1241

Alter, Peter: Nationalismus. NHB. es 1250

Berding, Helmut: Moderner Antisemitismus in Deutschland. NHB. es 1257

Berghahn, Volker: Unternehmer und Politik in der Bundesrepublik. NHB. es 1265

Bernecker, Walther L.: Sozialgeschichte Spaniens im 19. und 20. Jahrhundert. NHB. es 1540

Blasius, Dirk: Geschichte der politischen Kriminalität in Deutschland 1800-1980. Eine Studie zu Justiz und Staatsverbrechen. NHB. es 1242

Botzenhart, Manfred: Reform, Restauration, Krise. Deutschland 1789-1847. NHB. es 1252

Burkhardt, Johannes: Der Dreißigjährige Krieg 1618-1648. NHB. es 1542

Carsten, Francis L.: Geschichte der preußischen Junker. NHB. es 1273

Dippel, Horst: Die Amerikanische Revolution 1763-1787. NHB. es 1263

Dipper, Christof: Deutschland 1648-1789. NHB. es 1253

Ehmer, Josef: Sozialgeschichte des Alters. NHB. es 1541

Frevert, Ute: Frauen-Geschichte. Zwischen bürgerlicher Verbesserung und Neuer Weiblichkeit. NHB. es 1284

Geiss, Imanuel: Geschichte des Rassismus. NHB. es 1530

Geyer, Michael: Deutsche Rüstungspolitik 1860-1980. NHB. es 1246

Grimm, Dieter: Deutsche Verfassungsgeschichte 1776-1866. NHB. es 1271

Hentschel, Volker: Geschichte der deutschen Sozialpolitik 1880-1980. Soziale Sicherung und kollektives Arbeitsrecht. NHB. es 1247

Hildermeier, Manfred: Die Russische Revolution. 1905-1921. NHB. es 1534

Holl, Karl: Pazifismus in Deutschland. NHB. es 1533

Jaeger, Hans: Geschichte der Wirtschaftsordnung in Deutschland. NHB. es 1529

Jarausch, Konrad H.: Deutsche Studenten 1800-1970. NHB. es 1258

Jasper, Gotthard: Die gescheiterte Zähmung. Wege zur Machtergreifung Hitlers 1930-1934. NHB. es 1270

Kiesewetter, Hubert: Industrielle Revolution in Deutschland 1815-1914. NHB. es 1539

Neue Historische Bibliothek
in der edition suhrkamp

Kluge, Ulrich: Die deutsche Revolution 1918/1919. Staat, Politik und Gesellschaft zwischen Weltkrieg und Kapp-Putsch. NHB. es 1262

Kluxen, Kurt: Geschichte und Problematik des Parlamentarismus. NHB. es 1243

Kraul, Margret: Das deutsche Gymnasium 1780-1980. NHB. es 1251

Langewiesche, Dieter: Deutscher Liberalismus. NHB. es 1286

Lehnert, Detlef: Sozialdemokratie zwischen Protestbewegung und Regierungspartei 1848-1983. NHB. es 1248

Lenger, Friedrich: Sozialgeschichte der deutschen Handwerker seit 1800. NHB. es 1532

Lönne, Karl-Egon: Politischer Katholizismus im 19. und 20. Jahrhundert. NHB. es 1264

Marschalck, Peter: Bevölkerungsgeschichte Deutschlands im 19. und 20. Jahrhundert. NHB. es 1244

Mitterauer, Michael: Sozialgeschichte der Jugend. NHB. es 1278

Möller, Horst: Vernunft und Kritik. Deutsche Aufklärung im 17. und 18. Jahrhundert. NHB. es 1269

Mooser, Josef: Arbeiterleben in Deutschland 1900-1970. Klassenlagen, Kultur und Politik. NHB. es 1259

Pankoke, Eckart: Die Arbeitsfrage. NHB. es 1538

Peukert, Detlev J.K.: Die Weimarer Republik. NHB. es 1282

Radkau, Joachim: Technik in Deutschland. Vom 18. Jahrhundert bis zur Gegenwart. NHB. es 1536

Reulecke, Jürgen: Geschichte der Urbanisierung in Deutschland. NHB. es 1249

Rohe, Karl: Wahlen und Wählertraditionen in Deutschland. Kulturelle Grundlagen deutscher Parteien und Parteiensysteme im 19. und 20. Jahrhundert. es 1544

Schönhoven, Klaus: Die deutschen Gewerkschaften. NHB. es 1287

Schröder, Hans-Christoph: Die Revolutionen Englands im 17. Jahrhundert. NHB. es 1279

Schulze, Winfried: Deutsche Geschichte im 16. Jahrhundert. NHB. es 1268

Sieder, Reinhard: Sozialgeschichte der Familie. NHB. es 1276

Siemann, Wolfram: Die deutsche Revolution von 1848/49. NHB. es 1266

– Gesellschaft im Aufbruch. Deutschland 1849-1871. NHB. es 1537

Staritz, Dietrich: Geschichte der DDR 1949-1985. NHB. es 1260

Ullmann, Hans-Peter: Interessenverbände in Deutschland. NHB. es 1283

Neue Historische Bibliothek
in der edition suhrkamp

Wehler, Hans-Ulrich: Grundzüge der amerikanischen Außenpolitik 1750-1900. Von den englischen Küstenkolonien zur amerikanischen Weltmacht. NHB. es 1254

Wippermann, Wolfgang: Europäischer Faschismus im Vergleich 1922-1982. NHB. es 1245

Wirz, Albert: Sklaverei und kapitalistisches Weltsystem. NHB. es 1256

Wunder, Bernd: Geschichte der Bürokratie in Deutschland. NHB. es 1281

Ziebura, Gilbert: Weltwirtschaft und Weltpolitik 1922/24-1931. Zwischen Rekonstruktion und Zusammenbruch. NHB. es 1261